DEJADME EN PAZ

11 ONZAS

Aliarediciones

Corrección: Inés González Calo
Diseño de cubierta: Jaime Galisteo
Maquetación: Aliar Ediciones

Depósito Legal: GR 905-2025
ISBN: 979-13-87823-42-9

Impreso en España

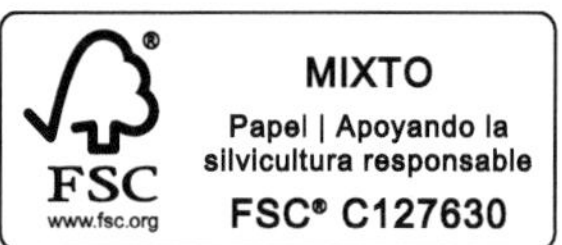

Edita
ALIAR Ediciones
www.aliarediciones.es
info@aliarediciones.es

DEJADME EN PAZ

11 ONZAS

PRÓLOGO DOS

ES EL AMOR, SIEMPRE EL AMOR

Anoche, me fui satisfecha a dormir. Estaba contenta, porque creí, pobre de mí, haber escrito un prólogo a la altura de este libro. Caí en un buen sueño; tan bueno, que me encontré navegando en una barquita. A mi lado, mi amigo, «el hombre vivo que respondía al sonido de: Maximiano, por "ley natural"», manejaba el timón mientras me mostraba los paisajes más oscuros de su alma y también, los más radiantes. Y navegamos entre islas de versos; a veces en un mar en calma, otras, mientras el viento azotaba la frágil barquita. Durante la travesía, entre soles y nubes negras, le oí gritar al cielo, como si quisiera partirlo en dos; le oí cantar, le vi bailar como un niño; girando, girando; como la vida. Sin miedo a caer. Le vi llorar de amor y por amor y, mientras me tomaba por los hombros, me miró fijamente a los ojos con esos suyos, limpios y frescos, y me dijo: «**amiga, es el amor. Siempre el amor»**. Así fue como, confiado, depositó sus «11 onzas» de corazón en mis manos.

Estábamos cerca ya de la orilla donde, una preciosa mujer, de sonrisa abierta, con el pelo recogido en un pañuelo rojo, nos saludaba cantando y danzando. A su lado, dos gigantes de pelo negro, agitaban sus culitos con el ímpetu de su rabo, reclamando los apapachos de su compañero humano.

Cuando desperté, estaba bocarriba. Mi respiración era lenta, mis labios sabían a sal y sonreían. Entonces fue, cuando, de verdad, me sentí parte de esta historia. Me levanté, encendí el ordenador y sin dudar, eliminé ese archivo de Word que decía: *Prólogo Maxi_definitivo.doc.*

Me pregunto por qué me compliqué tanto al hacer el primer prólogo. A la sencillez se responde con sencillez porque, en el sueño, conocí a un hombre natural, consciente de su humanidad, de su soberanía, su derecho de libertad y desobediencia. Entendí lo mucho que le molestó a la «gran máquina» perder a uno de sus engranajes de serie y es que, «**no se puede someter lo que respira**».

Y aquí, dejo en la arena la barquita varada, por si tú, querido amigo Maxi, regresas a mi sueño y me invitas a pintarla de nuevos colores.

Ahora, sí: *prólogo_dos_Maxi_definitivo.doc.*

Rosa Ayuso

CAPÍTULO 1

¿CÓMO HE LLEGADO HASTA AQUÍ?

Año 2022, 11 de Agosto en Andalucía, el sol se acerca de costado pero se siente a plomo, abrazando con una furia inclemente cada rincón de esta antigua tierra. Es un día claro, el celeste impera, pero el calor pesa, oprime. Me encuentro en Nerja, Málaga, en una de sus callejuelas del centro que serpentean entre casas blancas, intentando sobrevivir a este infierno de luz y calor.

El ukelele en mis manos susurra *Imagine* de John Lennon. Una canción de sueños, de un mundo que tal vez nunca veremos, pero que, aun así, **siempre me recuerda que la pena merece vida**. Es la segunda canción del día, apenas he llegado y ya alguien ha dejado caer veinte céntimos en la funda que yace a mis pies, una pequeña ofrenda que habla de bondad y de tiempos duros.

Todo es un cuadro de paz hasta que, sin aviso, dos agentes de policía irrumpen en la escena. Uno de ellos, con la actitud prepotente que tantas veces he visto en uniformes, se acerca y, sin siquiera un hola, me ordena apagar el amplificador con un autoritario movimiento de brazo. Mi cuerpo se tensa, mi garganta se seca. El mundo, que un segundo antes vibraba con acordes de esperanza, ahora se enfría, se endurece.

Me piden que me identifique (Identificar: Hacer que dos o más cosas **en realidad distintas** aparezcan y se consideren como una misma) y les muestro un trozo de plástico con una foto en blanco y negro y un montón de números que acaban en una letra, no con respeto, sino con una mezcla de impotencia y resignación, como si este fuera el ritual necesario para seguir existiendo. **Ellos presumen el poder; yo, la necesidad de ganarme la vida.** El agente toma el documento, anota algo, y tras lo que parecen minutos disfrazados de segundos me dice, muy seco: «No te vamos a multar ahora, pero ya tenemos tus datos. Si te volvemos a ver por aquí, te denuncio». Su tono no admite diálogo, no permite explicaciones. **Es como si mi simple presencia fuera una ofensa.**

Recojo los veinte céntimos, ese pequeño trozo de aluminio y latón que ahora parece una burla. Y, con un gesto mecánico, casi robótico, empiezo a guardar el equipo. Cada cable que enrollo, cada instrumento que guardo en el carrito, pesa más que el anterior. El amplificador, el atril con los discos, todo se siente más pesado de lo normal, como si el mundo mismo intentara aplastarme bajo su peso.

El camino de regreso a la furgoneta es largo, aunque en realidad no está tan lejos. Pero ese día, esos pasos parecen no llegar. Cada uno arrastra consigo pensamientos que no me dejan en paz. **¿Por qué me tratan así?** No soy sombra de delitos ni artífice de engaños, solo soy un soñador que pulsa las cuerdas del alma, un aprendiz del viento, que busca su nota en un mundo que danza de espaldas. Pero en los ojos de esos policías, yo no soy más que una molestia, un ser invisible que no merece ser escuchado ni tratado con empatía.

Mientras camino, con el sol aún golpeando con furia, me invade una mezcla de sentimientos. Impotencia. Odio. Pena. Es un mar desbordado y una tierra reseca al mismo tiempo. Hay algo profundamente injusto en todo esto, y sin embargo, aquí estoy yo, cargando con mis cosas, recogiendo los trozos de dignidad que aún quedan en el camino.

Adri me espera en la furgoneta, esa vieja cargadora de aceitunas que habíamos acomodado para nuestro viaje de «tocar en la calle», y a la que bautizamos Juanita. **Un nido sobre ruedas**, el único lugar que, por ese período, podíamos llamar hogar. Adri estaría teletrabajando en esos instantes. No podía dejar de pensar en cómo darle la mala noticia, cómo decirle que el primer día de nuestra ruta había acabado antes de empezar.

Mientras caminaba hacia Juanita, una pregunta resonaba en mi cabeza. No podía quitármela de encima, como un eco que se repite una y otra vez: **¿Cómo he llegado hasta aquí?** ¿Cómo había terminado tocando en las calles para sobrevivir, siendo tratado como si fuera menos que nada?

Esas preguntas me perseguían. Y aunque las respuestas aún no estaban claras, sabía que algún día tendría que enfrentarlas. No se puede huir del destino, ni de las elecciones que uno ha tomado. Y yo había elegido este camino, o quizás el camino me había elegido a mí.

Exilio en Do menor

Viento en proa a nada de velas,
mi ukelele, antaño tempestad de gargantas,
surcó las mareas de Lennon.
Ahora encallado, solo cuerdas y madera,
sombra de un trueno que no despertará el alba.

Las calles amanecieron huecas,
sin sombras que las sostuvieran.
Los dinteles colgaban en el aire,
puertas sin casa, umbrales sin paso.

Hubo lumbre en la voz,
pero alguien decretó que el fuego
solo debe arder donde se pueda pagar por su calor.
Las leyes tenían dientes,
mordían el jadeo de la ciudad,
las bocas abiertas de la noche,
las normas flotando en las manos de nadie.
Forjaron barrotes de aire,
encadenaron la brisa en decretos de olvido,
dictaron sentencia a la voz de los libres.
Pero el mástil de su sombra se alzaba
sobre el asfalto,
un velamen de notas rotas
que el viento aún se atrevía a mecer.

Expulsado del pueblo, de ese pueblo que nunca me vio.
Con el himno del destierro en los labios,
con la música a otra parte,
y el sonido que regresa

cada vez que alguien respira
y sueña con lo que no se puede callar.

¿Cómo he llegado hasta aquí?
La pregunta flota en un murmullo errante,
se ahoga entre sombras mudas,
se arrastra por los pies del olvido,
se levanta con el polvo de cada camino
y canta,
canta,
canta,
hasta que el silencio se quiebre.

CAPÍTULO 2

EL PORTUGUÉS

Cierro los ojos y me veo a mí mismo, pequeño y descalzo, corriendo por la casa de Santa Aurelia. Ese barrio humilde de Sevilla. Las calles, entonces, eran un campo de sueños y posibilidades. Allí, en las sombras de los edificios, yo jugaba sin saber aún de qué estaban hechos los problemas. En aquel entonces, no entendía mucho de la vida; solo sabía que el momento era ahora y que mañana quedaba muy lejos.

Mi padre, **Miguel**, me enseñó que **la vida es un peso que uno carga sobre los hombros**. Y él, de eso sabía. Nació en Estepa, donde el polvo de la cal se enredaba con el viento, y las manos de los hombres eran las que construían su destino, día tras día, a golpe de esfuerzo. Mi padre transportaba cal desde que podía recordar, sus manos pequeñas, su piel endurecida por un trabajo que no perdonaba la infancia. Los burros eran sus compañeros, esos animales que compartían su carga y el silencio de los caminos. En sus largos caminos para transportar la cal, a veces tenía que dormir en las **eras,** antiguas zonas de trilla donde se acumulaban montones de paja tras el proceso de cosecha, en esos palacios improvisados dormía bajo las estrellas, con el frío calando hasta los huesos, porque claro, el trabajo nunca se hacía esperar.

Mi abuelo Antonio, el padre de mi padre, no tuvo más elección que la guerra. La Guerra Civil Española fue una de esas contiendas donde no hizo falta un enemigo extranjero para avivar el orgullo y la patria. El enemigo no venía de fuera; era el vecino. Como ocurrió entre hutus y tutsis, distintas propagandas supieron sembrar la idea de que había que empuñar un arma y disparar contra hombres que compartían las mismas miserias de la época. Mi abuelo era un hombre simple, sin ideologías ni ansias de política, pero **la guerra no elige a sus soldados**, los arrastra consigo como una corriente que no pregunta. Volvió de la guerra con una bala alojada en el brazo que lo dejó inútil para casi cualquier trabajo que requiriera dos manos. De niño me contaron que, cuando el hambre apretaba, no le quedaba más remedio que robar melones para alimentar a sus hijos. **La pobreza no pide permiso, solo toma lo que encuentra.** Yo lo recuerdo apenas, su figura inmóvil en el sillón rojo de mi tía Reme, con una bata oscura a cuadros y la mirada perdida en alguna esquina del pasado. Nunca habló de la guerra. **La guerra le había robado la voz, junto con su juventud**.

Mi padre se mudó a Sevilla con su familia cuando tenía trece años, con esa dureza que le habían esculpido los años de trabajo. Aquí le llamaban **el cateto**, un niño del campo en la gran ciudad. Pero el cateto, con sus manos fuertes y su voluntad férrea, no tardó en abrirse paso. Siempre fue el primero en trabajar y el último en descansar. Pasó de ser el muchacho que corría entre bares haciendo mandados a convertirse en el hombre que los dirigía. Con los años, compró el suyo propio: un pequeño bar en el corazón de un mercado de abastos, que no solo fue su negocio, sino su vida. Con ese esfuerzo, levantó su casa, sostuvo su familia y alimentó a sus cinco hijos. **El cateto conquistando Sevilla**, lo notaba en sus ojos, encendidos de orgullo, como si cada trago servido y cada palabra cruzada entre clientes fueran ladrillos erigiendo un sueño inmenso.

De mi madre, **Antonia**, vienen otras raíces. **Raíces que cruzaron fronteras**. Mi abuela, también llamada Antonia, era portuguesa, aunque llegó a España siendo joven, cargando ya con la tragedia de haberse quedado viuda a los veintiún años y un hijo en brazos como promesa de tiempos duros... Y fue entonces cuando apareció el abuelo **Maximiano**, un hombre que renunció a todo por amor. Los padres de mi abuelo eran dueños de un casino en Nerva, una familia de dinero en una época donde la miseria era ley. Mi abuelo tenía estudios, algo raro en esos tiempos, y eso lo salvó de los horrores de la guerra. No empuñó un arma, sino que pasó sus días en una oficina, en una seguridad que pocos podían permitirse.

Sus padres murieron cuando aún era muy joven, y cuando el amor llamó a su puerta con el nombre de una mujer viuda, sus hermanas, aferradas a las costumbres de la época, lo rechazaron. **¿Cómo iba a casarse con alguien que ya traía una historia?** Pero él no dudó. Fiel a su decisión, se casó y partió hacia Huelva junto a mi abuela y su hijo, dejando atrás el juicio de su familia para empezar una nueva vida.

Prefirió trabajar como camarero, cambiando la opulencia por las miserias del día a día. **El hombre que había nacido con todo, ahora vivía entre mesas y vasos,** sirviendo a otros, viendo cómo los días de riqueza se disolvían como el vino en la copa. Mi abuela, fuerte como un roble y con un carácter de hierro, nunca se quedaba de brazos cruzados. Astuta y con agallas, siempre encontraba la forma de suplir lo que el sueldo de mi abuelo no alcanzaba, asegurándose de que en la mesa nunca faltara un plato para cada uno de sus hijos.

Mi madre no tiene muchos recuerdos de su infancia, solo algunos retazos, momentos que se deshilachan en la memoria como un mantel gastado por demasiadas mesas, como nombres escritos en el vaho de un cristal que el aire se llevó sin preguntar.

Pero eso sí, nunca olvidó aquella vez que, siendo una niña pequeña, rompió sin querer un jarrón en el colegio de monjas. **La monja, sin piedad, le dio una paliza** que dejó una huella imborrable en su memoria y un rechazo profundo hacia esa institución. Los golpes de aquella monja eran también golpes a su inocencia, una herida que el tiempo no borraría.

Mis padres se conocieron por causalidad, por esas cosas que hace la vida cuando el destino parece decidido a trenzar historias. Mi madre se mudó a Sevilla con sus hermanos, que eran costureros, y el destino, en su misterioso tejido, hizo el resto. Y como si el firmamento, en su callada sabiduría, hubiese trazado sus nombres, sus almas se encontraron. De ese amor nacieron mis hermanos, primero **Miguel**, el primogénito, quien casi mata de un infarto a mi padre el día que vino al mundo. Mi padre estaba en la sala de espera, nervioso como todo futuro padre, cuando un médico entró buscando «al último que había llegado». Mi padre, sin sospechar lo que iba a pasar, le dijo que era él. Lo llevaron a otra sala, donde el doctor, con una seriedad que congelaba la sangre, le informó de que **tanto su mujer como su hijo habían fallecido**. En ese instante, el suelo bajo sus pies dejó de ser firme, **se ancló a un mundo que parecía desplomarse**, un abismo abierto de dolor que compartió abrazado a su padre. Pero solo minutos después, quizá meses en su sentir, otro médico entró, aclarando el error. La paciente que había fallecido no era mi madre, era otra mujer que había ingresado justo después. Eran otros tiempos, tiempos donde las noticias llegaban con torpeza, donde la vida y la muerte se confundían en los pasillos de los hospitales.

El humor negro del destino le había dado un susto de muerte, una broma sin gracia, pero mi hermano, Miguel, llegó sano. Y después vinieron más: María Antonia, Loli, Chío. Y cuando ya pensaban que todo estaba dicho, que la familia estaba completa, llegué yo, **el hijo que no debía ser**.

De pequeño, había alguien que me llamaba **El Portugués**, y aunque no lo hacía siempre, aunque lo escuchara esporádicamente, se quedó grabado en mi memoria. Ese alguien era mi tío Emilio, hermano de mi madre. Nunca le presté mucha atención a ese apodo, hasta que un día, ya con veintitantos o tal vez trentipocos, decidí preguntarle por qué a veces me llamaba así. Lo recuerdo riéndose antes de empezar a contarme la historia.

Al parecer, cuando mi madre se quedó embarazada de mí, el quinto hijo, se sintió abrumada. Eran tiempos difíciles, y la idea de otro hijo más la tenía un poco agobiada. La tía Rosa, siempre dispuesta a ofrecer soluciones rápidas, la convenció de que en Portugal había una mujer que hacía abortos clandestinos. Según ella, era súper fácil, que no había de qué preocuparse. Incluso se ofreció a acompañarla.

Así que llegaron a Ayamonte, listas para cruzar en el barco hacia Portugal, **camino a una frontera que prometía borrar mi nombre**. Mi padre, que no estaba muy de acuerdo con la decisión, se dio cuenta de que había olvidado el DNI. Así que no pudo cruzar y se quedó en tierra mientras mi madre y la tía Rosa cruzaban hacia Portugal. Cuando llegaron, aquella mujer examinó a mi madre y dijo que era demasiado tarde, que el embarazo estaba demasiado avanzado. No habría aborto. Así que, **siete lunas y un suspiro después**, llegué al mundo.

A mí también me hizo gracia la historia, pero cuando se la mencioné a mi madre, la vi ponerse pálida, como si hubiera revivido todo en un segundo. Me juró que me quería, que estaba agradecida de que las cosas no salieran como las había planeado. A veces, decía, pensaba en aquella mujer de Portugal, en buscarla solo para agradecerle...

Yo le respondí que no hacía falta que me lo dijera, **yo sabía cuánto me quería**. ¿Cómo iba a dudarlo? Había nacido de una decisión no tomada, de un barco no cruzado, y eso, de alguna manera, me hacía sentir aún más parte de esta historia.

El que casi no fue

Soy hijo del agua y del vértigo,
del temblor antes del salto,
del pliegue en la tela
por donde se coló la historia.
El que casi no fue,
pero que, al final, era siempre.
No hay azar, solo manos invisibles
jugando con el tiempo,
giro de espejos que todo lo ven,
y que en su baile eterno
me dejaron ser.
Soy hijo de un paréntesis,
de un gesto a medio hacer,
de un tajo en el agua
que no dejó espuma.
Fui la pausa,
el pulso que dudó un segundo,
la sombra sin dueño
que casi se extravió.

No debía ser,
pero el hilo no se rompió.
Tiraron de él,
lo tensaron,
lo dejaron al filo del aire.
Pero la hebra resistió,
tembló,
se arqueó como un puente improbable
y cruzó al otro lado.

Ahora camina.
Ahora respira.
Ahora es.

Soy eso: el hijo de la duda,
el que casi no fue.

CAPÍTULO 3

LA INFANCIA, ESE INSTANTE SIN SOMBRA

Mi infancia estaba hecha de momentos simples, de pequeños descubrimientos que en su inocencia lo llenaban todo. Era un tiempo en el que la vida no tenía prisa, donde el presente bastaba y el futuro no existía. Ahora, al recordarla, veo esos días como una brisa cálida que pasa y desaparece, pero que, de alguna manera, sigue ahí, en algún rincón de la memoria.

Chío, mi hermana, siempre estaba conmigo, como una sombra que refleja luz, inseparables, **dos mitades de una misma risa**, y juntos inventábamos mundos dentro de un garaje que, para nosotros, era todo un universo. Teníamos el Renault 18 como nave espacial, castillo, o lo que nuestra imaginación quisiera.

Un día, abrimos el maletero y descubrimos un tesoro: un montón de juguetes. No entendía por qué mi madre se enfadó tanto cuando nos pilló jugando con ellos. Después, descubriría que eran los juguetes de Reyes, y aun así, no comprendía por qué no podía jugar con ellos ya. Los juguetes están hechos para jugar, ¿no? Pero, claro, en el mundo de los adultos, hay reglas que no tienen nada que ver con la lógica de un niño.

Una vez, vino mi prima Rocío de Huelva. Nos pasamos todo el día jugando y, cuando se iba, le regalé una bolsa con muchos de mis juguetes. Para mí, era lo más normal del mundo. Pero no para mi madre, que reconoció los juguetes en la bolsa que llevaba mi prima y, bueno, digamos que mi prima se fue sin sus «nuevos» regalos. Qué manía tienen los mayores de poner límites a la generosidad.

Los días siempre parecían demasiado cortos cuando **mi padre llegaba de trabajar**. Tendríamos cuatro o cinco años. Rocío y yo corríamos hacia el bidet para **lavarnos los pies**. Porque en nuestra lógica de niños, pies limpios significaba que habíamos sido buenos, que nos habíamos comportado bien, y queríamos mostrárselo a mi padre con orgullo. Me hacía gracia la ceremonia, pero había algo en la forma en que él sonreía al vernos, **como si todo el cansancio del día se le cayera de golpe**, que me hacía sentir que valía la pena.

Recuerdo una vez que me subí encima de mi hermana Rocío, que estaba sentada en el sofá, jugábamos a que ella era uno de esos caballitos de bares que se mueven cuando les echas monedas. Y yo, tan metido en el juego, fingí que le echaba veinticinco pesetas imaginarias en la boca. Su cara me hizo tanta gracia que, sin querer, me meé de la risa encima de ella. La cara de sorpresa que puso y su reacción fue instantánea, me tiró al suelo, y entre la sorpresa y las risas, supe que la vida estaba hecha de estos pequeños momentos, de las pequeñas caídas que nos enseñan a levantarnos con una sonrisa.

Los veranos en Huelva eran una promesa eterna de sol y mar. Las cabañas que construíamos con mis primas, donde el tiempo se detenía y éramos los dueños de un mundo sin reglas. Con cuatro o cinco años, ya mostraba un espíritu explorador, aunque a veces esa exploración me llevaba por caminos un poco raros. Una vez convencí a mi hermana para que comiéramos **escayola**. Sí, escayola. Subíamos en la escalera y le dábamos bocados al techo como si fuera un manjar prohibido. Esto se convirtió con el tiempo en una costumbre secreta que mis padres tardaron en descubrir. Y tampoco puedo olvidar la vez que me encontraron con la boca negra de haber comido alquitrán. **¿Por qué lo hacía?** La verdad, ni idea, pero en ese momento parecía una gran idea.

Donde el tiempo no existe

¿Quién mide la altura de un salto?
¿Quién pesa el brillo de un charco?
¿Quién dicta el final de un juego sin tiempo?
¿Dónde duerme la risa cuando nadie la nombra?
¿Dónde se esconden los colores de un sueño al despertar?
¿Dónde van las historias que solo entienden los niños?
¿En qué bolsillo cabe un tesoro de piedras y hojas?
¿En qué rincón del aire se guarda un deseo soplado?
¿En qué latido exacto se aprende a temer a la sombra?

Solo el ahora respira,
libre,
como la risa que no sabe del después.
Y allí, en el vértice del sol que cae,
donde el horizonte deshace su jaula,
se alza la infancia:
una bandera de cielos líquidos,
una tormenta de luz inextinguible,
gritando al infinito
que vivir
es el único milagro.
Que vivir
es tocar el instante con manos de niebla
y hallar, en su fugaz latido,
la esencia de lo eterno.

CAPÍTULO 4

LA ADOLESCENCIA, DONDE LA BRÚJULA ARDE

Con once años en mi haber y con la exposición universal de 1992, dejamos el bullicio de Sevilla y nos mudamos a **Gilena**, un pequeño pueblo donde todo era distinto. Mi padre, cansado de la ciudad y su estrés, vendió el bar en Sevilla y compró tranquilidad. **Gilena fue mi primer contacto con la libertad**. En Sevilla, mis padres apenas me dejaban salir, rodeados como estábamos de barrios conflictivos, pero en el pueblo, todo cambió.

Me compraron una bici, y **el pueblo y la sierra se convirtieron en mi reino**. El aire de la montaña aún lo siento en la piel, esa sensación de que el mundo era mío, de que nada podía detenerme.

Fue en Gilena donde conocí a **Juanfe**, estaba sentado justo detrás mío en clase, en 7º de EGB, y desde el primer día supe que iba a ser un personaje principal en mi vida. Nos hicimos amigos rápido. Recuerdo la primera vez que me invitó a su chalet, y allí, mientras jugaba con muñecos, me sorprendió cómo hacía ruidos raros, tan absorto en su propio mundo. Lo miraba con envidia sana, pensando en **la magia de su infancia**, mientras me preguntaba cuándo había dejado yo de jugar así. Nos apuntamos al equipo de baloncesto así que por las mañanas nos unía el colegio y por las tardes el deporte. Nos volvimos inseparables. **Si cambiábamos de pandilla, lo hacíamos juntos**, siempre juntos.

En el cole nunca fui un niño torpe. Jamás repetí curso, pero tampoco me apasionaba. **La escuela me aburría**. Mientras los profesores hablaban, mi mente volaba por la ventana, y si me hacían volver diciendo mi nombre, me preguntaba siempre lo mismo: «**¿Para qué servirá todo esto que me hacen memorizar?»**.

Mientras tanto, mi padre luchaba con el nuevo bar, que no iba bien como en Sevilla. Justo al acabar el último curso de colegio, dos años después de mudarnos a Gilena, decidió vender el bar del pueblo y recomprar el de Sevilla. Yo, por mi parte, tenía muy claro que no quería seguir estudiando. Lo hablé con mis padres, y aunque insistieron, **mi decisión estaba tomada**.

Así que a temprana edad comencé a trabajar en el bar. Mientras mis amigos me contaban sus historias de instituto, yo, sin saberlo, **me sacaba la carrera de psicólogo detrás de la barra**. Los bares son así, un lugar donde los problemas se sirven junto con el alcohol, y el camarero se convierte en confidente, en amigo, en psicólogo sin título. Aquellos años fueron una lección de vida, una escuela sin aulas ni campanas. Aunque a menudo me sentía pequeño; mis amigos estudiaban, y yo caminaba sin rumbo claro.

Quizá por ese complejo de no haber estudiado se despertó en mí esa sed de libros, ese deseo de encontrar en las palabras los caminos que no seguí, una sed que me acompañaría durante tantos años, como una chispa en la ceniza que aún recuerda el fuego.

Conocí a Diana con diecisiete años, mi primera novia formal. Ella adoraba a mi familia, y yo a la suya. **Éramos como segundos hijos en nuestras respectivas casas**. Pasé unos años preciosos a su lado, pero después de tanto tiempo detrás de la barra, observando el mundo desde la distancia de un vaso a medio llenar, sentí que algo dentro de mí pedía más. Algo me impulsaba a salir, a descubrir lo que había más allá del horizonte familiar de Sevilla. El bar me había enseñado mucho, pero también me había hecho sentir como si estuviera en una jaula, una jaula de conversaciones repetidas.

Gilena

Dejamos atrás el bullicio,
siguiendo el rastro de un susurro de calma.
El ruido se licuó en la lejanía,
y en mi reino de dos ruedas
las calles se abrían como mapas blancos.
Ahí encontré a quien parecía inmortal,
un niño sin estaciones,
su risa intacta, como un hechizo suspendido.
Las lecciones flotaban en el aire,
y el viento, mi único guía,
me llevaba de la mano.
Tres mil latidos caben en un susurro,
allí donde las montañas guardan el tiempo
y el viento no tiene prisa.
Las calles no corren,
las sombras no pesan,
las puertas respiran abiertas.
Aquí la noche no es un ruido,
es un cielo intacto
donde la luna se deja mirar.
Yo, que nací entre muros y prisas,
descubrí en su aire intacto
lo que nunca me enseñó la ciudad:
que la libertad no es huir,
sino quedarse
donde el alma deja de encogerse.

Pronto, el mundo cambió otra vez:
el brillo de copas desgastadas
se convirtió en mi libro abierto,

y entre los rincones de ese caos,
una luz de polvo y pétalos
prendió mi espíritu de fuego.
Pero el horizonte siempre llama,
y en su canto distante,
me encontré ardiendo de nuevo.

Era la brújula,
esa hechicera de rutas imposibles,
dibujando senderos con ceniza y sal,
sugiriendo paisajes
donde aún no llegaba mi sombra.

CAPÍTULO 5

SALIENDO DEL CASCARÓN

Con catorce años, comencé a trabajar en el bar, junto con mi padre y mi hermano. Ninguno teníamos un sueldo digno, porque la misión era pagar el préstamo. Mi hermano cobraba algo, unas 50.000 pesetas de la época. Tenía coche, tenía novia, tenía otros gastos que la vida consideraba urgentes. Yo recibía lo justo. Lo que bastaba para llenar mis bolsillos con discos, con ropa, con todas esas cosas que a los catorce años parecen importantes. Mientras mis amigos contaban monedas, yo me sentía rico, siempre dispuesto para cualquier plan.

Cuando cumplí dieciocho años, el bar era nuestro, sin deudas, con sueldos nuevos sirviéndose en la mesa. Pero para entonces, mi deber moral para con mi padre ya estaba cumplido, y mi mente en otro lado, lista para lo que venía.

El bar había sido mi segundo hogar y mi primera cárcel. Crecí entre el ruido de los platos y el olor a cerveza seca, entre el humo que trepaba como hiedra y los clientes que entraban y salían como estaciones. Yo era parte del inventario, tan indispensable como la máquina de café, tan invisible como el ventilador del techo que giraba y giraba sin preguntar por qué.

Pero ahora que las cuentas estaban saldadas, ahora que el deber con mi padre estaba escrito con tinta imborrable, sentí que algo me llamaba desde más allá del mostrador. No era el dinero, ni el futuro, ni el miedo. Era el simple y crudo deseo de no ser un árbol plantado en la misma baldosa para siempre.

Durante esos años, los amigos de Sevilla me esperaban entre semana en las plazas del barrio que conocían de sobra mi risa y mis pasos. Alejandro, Eu, Galindo y Migue eran una segunda casa, una segunda piel.

Los fines de semana, Gilena seguía tirando de mí con la fuerza de los lugares que te vieron renacer. Eran dos vidas paralelas, dos trenes que nunca chocaban, dos lenguas de un mismo idioma. Y yo flotaba entre ellas, sin ser del todo de un lado ni del otro.

El bar era un puerto, pero yo no era ya un marinero.

El barcito del Cerro

El suelo huele a historia derramada,
la barra, a cuerpos sin prisa.
La caja registradora canta,
los vasos murmuran en cristales rotos,
el humo dibuja rostros que nunca se quedan.
Yo, en un rincón sin turno,
cuento servilletas dobladas
y espero que el tiempo
me sirva algo.
Yo miro.
Desde mi rincón sin nombre,
espero el milagro del reloj,
la tregua de las sombras,
el instante exacto
en que alguien
me mire a mí.

FUERTEVENTURA

Fuerteventura era un lugar diferente, una isla que se sentía tan lejana como un sueño. Allí todo parecía nuevo, como si la vida hubiera dejado de ser predecible. Mi amigo Carlos, que se fue allí con su madre y su primo, me había hablado de la isla. Me prometió trabajo, un sofá cama compartido, y aventuras que no cabían en mi calle.

No lo pensé demasiado. Las maletas se hicieron solas, el miedo no tuvo tiempo de despertarse, y cuando quise darme cuenta, ya estaba en camino.

Diecinueve años recién cumplidos, un carnet de conducir a estrenar y una brújula apuntando a lo desconocido.

El viento de la isla me recibió con una mezcla de sal y libertad. Las olas rompían en la orilla con la fuerza de los que saben que el mar nunca deja de moverse, y yo me dejé llevar por esa sensación de constante cambio, **de dunas que cada día adoptan nueva forma**.

Vivía en Nuevo Horizonte, y así se sentía, como si cada tarde el acantilado me ofreciera un nuevo comienzo en el aire.

Desde esa altura, el humo de mis primeros cigarrillos se alzaba en espirales, invitándome a volar. Me fascinaba ver cómo las olas se empujaban en un baile eterno contra el acantilado, y el mar rugiendo, desordenando el aire con su aliento salado.

Pasé la adolescencia resistiendo el llamado del tabaco. Diana fumaba, y yo era quien le rogaba que lo dejara. De vez en cuando me ofrecía una calada, y yo, entre risas, la aceptaba y le decía: «Está asqueroso».

Pero con cada bocanada, el asco se iba esfumando: como la escarcha al primer rayo de sol. No sé por qué, pero en Fuerteventura compré mi primer paquete de Camel. Y en ese acantilado, frente al mar, hice del cigarro de la tarde un ritual, como si el humo me conectara al horizonte, como si cada exhalación me liberara, aunque fuera por un instante.

Conseguí trabajo de camarero en un hotel, sirviendo a turistas que venían de lugares que no conocía, hablando lenguas con gestos y poquísimas palabras. Pero en el fondo, todos compartíamos la misma necesidad de encontrar algo en ese lugar, aunque no siempre supiéramos qué. El trabajo era simple, y el dinero suficiente para pagar el alquiler, pero lo que realmente buscaba estaba en el aire, en cada conversación, **en cada amanecer que pintaba el cielo con colores que podía permitirse**. La libertad me llenaba el pecho, aunque no sabía muy bien cómo manejarla.

Trabajé también como jardinero, pero duré poco más de un mes. Su dueño, Tito, con su sombrero y su chulería, parecía un terrateniente de otro siglo. Solo aparecía para señalar dónde irían los árboles y plantas en los futuros jardines que se hacían en los hoteles y parques de la isla. Nosotros, sus siervos modernos, hacíamos el trabajo duro. Éramos solo cuatro o cinco con «papeles», los demás, pobres almas sin seguro, no podían permitirse enfermar. Trabajaban en silencio, con la fragilidad de quien sabe que su salud es un lujo que no pueden pagar. Un día, mientras me quejaba de aquella injusticia defendiendo a un compañero marroquí, Tito me cortó en seco: «No es asunto tuyo». En ese instante, dejé caer la azada. Recogí mi dignidad de la zanja, la sacudí de tierra y, con el pecho erguido, me alejé de ese lugar. Caminé sin mirar atrás, dejando que el viento borrara mis huellas, sabiendo que no volvería nunca más.

Después trabajé en un *rental car*. Además de recoger coches sucios y lavarlos, me tocaba moverlos de una oficina a otra. Para alguien que acababa de sacar el carnet de conducir, fue como una aventura inesperada. Cada viaje era una lección, cada volante, una oportunidad de aprender a manejar no solo coches, sino también la libertad que venía con ellos.

En el lavadero conocí a Iván, un amigo que aún conservo. Fue él quien me enseñó a hacer trompos en caminos de tierra, como si el polvo y las curvas fueran un nuevo lenguaje, y juntos aprendimos a domar el asfalto y a reírnos del viento.

Iván me presentó a Joropo, y con él llegaron nuevos amigos, siempre con risas y botellas de ron Arehucas en mano.

Recuerdo una vez, en una fiesta en la playa. Una chica me miraba insistentemente desde hacía rato, no podía negar que esa atención alimentaba un poco mi ego.

Empezó a acercarse, y con cada paso, algo en mí se tensaba. No era atracción, era esa sensación de estar en la cúspide de algo que se desplomaría en cualquier momento. Cuando finalmente llegó hasta mí, inclinó su cabeza, y en lugar del susurro que imaginaba, me dijo: «**Perdona... te está ardiendo el pantalón**».

Y ahí estaba, la cruda verdad. No eran llamas, por cosas del tejido de pana, pero sí era una especie de círculo creciente autoconsumiéndose, del tamaño algo más grande que una pelota de tenis, que carcomía la tela como la espera carcome la certeza. Un cigarro caído en el pliegue de esos pantalones amplios que solía llevar en mis días de rapero, había comenzado el espectáculo sin que yo me diera cuenta.

La chica se alejó, riéndose con sus amigas, mientras yo me quedaba allí, solo, con mi orgullo chamuscado y la irónica lección de que el ego siempre encuentra la manera de arder en el momento menos esperado. Si algo aprendí esa noche, fue que no soy tan guapo... y que igual tocaba renovar vestuario.

Mi siguiente trabajo fue en la construcción. Un oficio duro, especialmente cuando eres el peón, pero bien pagado en aquellos días en los que la burbuja inmobiliaria estaba por las nubes y el sector no paraba de crecer. Aprovechaba cada vez que la cuadrilla tenía el cemento servido para aprender. Me acercaba, observaba en detalle cómo se levantaban las casas, y poco a poco, me fui metiendo en ese mundo de ladrillos y hormigón.

Mi curiosidad no pasó desapercibida y, viendo mi interés, los oficiales se enrollaban conmigo. Me dejaban hacer pequeñas tareas: poner algunas baldosas, enfoscar un trocito de pared, cortar piezas en ángulos. A través de esos pequeños gestos, fui entendiendo el arte que había detrás de cada muro y la precisión que requería cada detalle.

La vida en Fuerteventura era un constante vaivén, entre el trabajo duro, las noches interminables de fiesta y los días bajo el sol tropical que parecía nunca apagarse.

Diana vino a verme de vacaciones y, con un coche alquilado de mi antigua empresa, nos lanzamos a explorar la isla. Recuerdo el sabor dulce del Clipper de Fresa, un intento fallido de acampada en una playa desierta, la travesía hasta la punta de Jandía, y nuestra inocencia, tan jóvenes, tan llenos de posibilidades. Éramos como niños, paseando por un mundo que, en ese momento, parecía completamente nuestro.

Fuerteventura era un paseo por un mundo que, por un tiempo, sentía mío. Cada rincón, cada playa y cada horizonte parecían pertenecerme, aunque, en el fondo, siempre supe que esa sensación era efímera, que no sería para siempre. Era como caminar sobre dunas, **consciente de que el viento las tallaría a su antojo**.

Dunas y arena

Isla lejana, sueño tibio,
me recibió con su viento salado
y promesas de libertad.

El mar rompía como las promesas
que no esperan ser cumplidas,
y yo, entre cemento y sol,
aprendí que crecer duele
pero también libera.

Y, aunque todo parecía mío,
sabía que la isla,
como la primera vez que un niño sale de casa,
era solo un suspiro,
una libertad fugaz
que el viento borraría con el tiempo.

Y entonces decidí volver a Sevilla. **Algo me llamaba de vuelta**, tal vez la necesidad de cerrar un ciclo, o tal vez simplemente la certeza de que ya había encontrado lo que buscaba en aquella isla. Pero, aunque regresé a Sevilla, no volví al mismo lugar. Algo en mí había cambiado, como si cada ola de Fuerteventura se hubiera llevado una parte de lo que fui para dejarme más ligero, más abierto al viento.

LA MANGA

Santiago, el padre de Diana, me consiguió trabajo en la General Electric, en Cartagena.

Llegué a Cartagena en autobús, **con la sensación de estar entrando en una película sin protagonistas**. Dejé la maleta en un hostal mugriento y salí a buscar algo de comer. Me cobraron 650 pesetas por una tapa y un refresco, y supe que me habían timado, pero no dije nada, no me atreví. Ese silencio me carcomió, una pequeña herida que nunca cerró del todo. **A veces, lo que no dices se queda contigo más tiempo que cualquier palabra**.

En el trabajo conocí a dos tipos, César y Daniel, que no tardaron en convertirse en amigos. Rápidamente empezamos a buscar un lugar para mudarnos los tres a La Manga. Lo poco que encontramos era, por supuesto, un timo inmobiliario de solo dos habitaciones... para tres personas. Pero en esas edades, todo parecía encajar. Acepté el salón como mi cuarto, un espacio abierto con vistas al mar, y por el privilegio de despertar con el sonido de las olas y dormir en el sofá, pagaba un poco menos. Dormir en el salón no era un problema, era parte del encanto de esos días en los que todo parecía bien, y las pequeñas incomodidades se sentían como aventuras compartidas. Y más con los compañeros de piso que tenía.

El trabajo fue un nuevo aprender. Fue allí donde conocí a **Alonso**, el hombre que me enseñó a soldar. Alonso fue como un segundo padre para mí, aparte de compañero inseparable de trabajo, compartíamos largos viajes en coche cada tres fines de semana, él iba a Nerva (Huelva) y me dejaba de camino en Gilena, hasta el domingo que nos volvíamos de vuelta. Una de nuestras conversaciones, plantó una semilla en mi interior, una idea que en ese momento pasó desapercibida, pero que con el tiempo fue creciendo en silencio, hasta florecer años después cuando menos lo esperaba. Me habló de un amigo suyo, **buzo soldador**, que viajaba por el mundo y ganaba mucho dinero. La combinación me pareció perfecta.

Después de un año en La Manga, con el sol y el mar como testigos de aquellos días, y algunos ahorros en la cuenta, dejé el trabajo y regresé a Sevilla. Pero no para quedarme. Volvía para planear la próxima aventura, porque algo en mí siempre pedía más. Quizás era una enfermedad no diagnosticada, esa necesidad constante de movimiento, de no poder quedarme quieto, **como si el horizonte fuera un imán imposible de ignorar**.

Lo que nunca basta

Volví,
pero solo para escuchar el eco,
la casa era un susurro,
un reflejo en agua quieta,
y yo, sin peso,
un viajero que nunca llega.
La tierra me hablaba en lenguas antiguas,
me nombraba sin retenerme,
y el mundo, siempre más allá,
me llamaba como el filo de un sueño que escapa.

Las calles que conocía eran solo espejismos,
esquinas dobladas en el tiempo,
raíces ligeras que me dejaban ir,
y yo, **hoja errante en vientos desconocidos**,
me entregaba a la distancia,
a esa sed que no sacia,
a un lugar que es todos y ninguno.

VACACIONES EN MARRUECOS

Pero antes, un último viaje de despedida, un último suspiro antes de dejar atrás lo conocido en La Manga. Nos subimos a mi primer coche, un Ford Fiesta XR2 que me vendió mi compañero de piso César. Los pasajeros eran yo, y tres confidentes de Juana, una amiga de Murcia que no pudo sumarse porque estaba en plenos exámenes universitarios. A Juana la conocí en un festival con la cabeza rapada y una especie de traje de comunión con tutu, ¡qué hermoso espectáculo era verla bailar!

Partimos desde La Manga hasta Marruecos, muchos cientos de kilómetros rodando por caminos polvorientos, sin rumbo, perdidos por parajes alejados donde a veces lo único que nos abrazaba era la incertidumbre. A veces dormíamos en el coche, rodeados por el crujido de la noche, los ruidos de animales desconocidos, y la sensación de estar fuera del mundo.

Era una época diferente. A veces, la desconexión era una elección, otras, simplemente pasaba. Pasaron varios días antes de que cruzáramos a una pequeña ciudad después de habernos perdido entre unas cascadas. Allí, un hombre árabe de español precario se nos acercó. Sus palabras eran trozos de algún mosaico suelto que no entendíamos del todo: «**Torres... avión... caos**». Nos miramos confundidos, pensando que quizás era una broma o alguna noticia local que no alcanzábamos a comprender.

Pero la realidad no tardó en golpear. Entramos a la ciudad y nos envolvió el alboroto, las pantallas repitiendo la misma imagen en bucle, los rostros pálidos de la gente. El 11 de septiembre. Dos días habían pasado desde ese momento en que todo cambió, y nosotros, perdidos en nuestro pequeño mundo, ni nos habíamos enterado. Las llamadas a casa fueron una auténtica locura. Nuestros padres estaban al borde del colapso, creyéndonos incomunicados y, en cierto modo, lo estábamos. Los móviles no tenían cobertura, no sabíamos nada y el miedo crecía en el aire, palpable, aunque aún no comprendíamos por qué.

Ese viaje fue una despedida, no solo de una etapa, **sino de un mundo que no volvería a ser el mismo**. En aquel instante, como tantos otros seres, me creí la versión oficial: que unos hombres con turbantes habían secuestrado unos aviones y los habían lanzado contra las Torres. No sería hasta muchos años después que las piezas empezarían a no encajar del todo, que las dudas sembrarían nuevas preguntas, **que la realidad se desdibujaría entre el mito y la propaganda**.

Aquel viaje fue un adiós a la empresa, a unas amigas, a una etapa. Una despedida cargada de kilómetros y polvo.

El peso del aire

Un puesto de té, el rumor de un trueno sin cielo,
un golpe en la niebla,
las bocas del viento cerrándose de golpe.
Desde entonces,
los muros aprendieron nuevos idiomas,
las esquinas desarrollaron párpados,
las fronteras dejaron de ser líneas
y se hicieron grietas.
Nos vendieron candados con nombres nuevos,
nos hablaron de calma en lenguas de acero,
nos dijeron seguridad,
pero sentimos el aire encogerse,
las alas cubiertas de ceniza,
las sombras aprendiendo a caminar entre nosotros.
Y la libertad,
esa criatura frágil,
replegándose en sí misma,
confundida entre el ruido de las alarmas,
sin espacio suficiente
para levantar la cabeza.

VUELTA A SEVILLA

Llegué a Sevilla y no pasó mucho tiempo antes de que sintiera el impulso de moverme otra vez. Era como si algo dentro de mí, desde que me fui de casa a los diecinueve, no me permitiera detenerme. Siempre en busca de un nuevo destino, un nuevo lugar donde quizás las piezas encajaran, **aunque nunca lo hacían del todo**.

Diana seguía con sus estudios, atrapada en su rutina, mientras yo saltaba de ciudad en ciudad, como si el movimiento fuera lo único que me mantenía vivo.

A veces, parecía que ella era la única que intentaba mantener todo en pie, mientras yo me deslizaba por un camino que no comprendía del todo, **buscando algo que no sabía nombrar**.

Con cada kilómetro que sumaba, cada nueva ciudad que me recibía, sentía que algo se alejaba entre nosotros, como si yo me hubiera convertido en un nómada perpetuo, incapaz de echar raíces ni siquiera en el amor.

Recuerdo la vuelta en mi Ford Fiesta XR2 como si fuera ayer, 575 kilómetros desde La Manga hasta Sevilla. La carretera se estiraba bajo las ruedas, y con cada metro recorrido, la sensación de libertad se hacía más grande. Era el fin de un ciclo, el inicio de otro. Llevaba en el bolsillo algo más que ahorros: **llevaba la certeza de que los sueños están hechos de caminos abiertos**.

En Sevilla, pasé unos meses con Diana, saboreando el tiempo, el ahora, mientras la siguiente aventura esperaba su turno.

Mi prima Rocío, la misma que a los cinco años intenté regalar mis juguetes, llevaba unos años en Londres. La llamé. Vivía en Abbey Wood, a media hora en tren del centro, en una casa de cuatro habitaciones, y una de ellas estaba vacía, ¿casualidad? No lo creo.

Irme a Londres, unos meses, **aprender inglés**, y caminar por una ciudad que no me pertenecía, me pareció perfecto. Porque a veces, el futuro se asoma, y lo único que uno puede hacer es seguirlo.

Otra vez el siempre

El horizonte exhala su niebla,
un puente de astillas se arquea sin dueño.
Mis pies destellan, pero la tormenta
deshizo su hambre.
Mi sed se adorna con lluvias que no llegaron,
con el tacto de un fuego que nunca ardió.
El camino se dobla en su propio cansancio
y el aire finge que no sabe mi nombre.
Sigo andando.
Aquí las huellas solo existen
mientras nadie las mira.

LONDRES

Salí por la puerta de Stansted, y ahí estaba mi prima Rocío. Me la comí a abrazos como si esos muchos años que habíamos pasado separados fueran una simple anécdota. Nos pusimos al día rápido, y el tiempo, tímido, retrocedió. **Nos hablamos como si las palabras fueran pájaros**, volando entre días que nunca dejaron de existir, **y el ahora, eterno, fuera el único puerto**.

Mi habitación perfecta, la casa perfecta, los compañeros de piso perfectos, el barrio perfecto. Pero, claro, el inglés ¡ah, el inglés! Eso era otro cantar. **Resultó que mi dominio del idioma era bastante más optimista de lo que Londres estaba dispuesto a tolerar**.

Menos mal que también vivía en London mi prima **Maica**, hermana de Rocío, que me tomó bajo su ala. Me hizo un currículum, bien bonito, como si fuera a conseguir trabajo en la BBC, y me acompañó a rellenar todo el papeleo burocrático para ser «legal» y también a patear la ciudad pidiendo trabajo.

Maica me enseñó una frase clave: «***Do you have any vacancies?***» (lo que viene siendo que si tienen trabajo), y si me preguntaban si quería *Full time* o *Part time*, que siempre respondiera *Full time* (jornada completa). Solté mi frase recién aprendida en todos los bares y tiendas que tenían un cartel de «**Vacancies**» en la vitrina. El problema era que, aunque me respondieran que sí, enseguida me hacían otras preguntas que no entendía, lo que me ponía nervioso y me hacía «cerrar las orejas».

Creo que fue al segundo o tercer día de este festival de rechazos cuando entramos en un bar. Solté mi frase como si fuera un encantamiento, y el chico me respondió algo que, en mi cabeza, sonaba a que si quería jornada parcial o completa. Respondí *Full time* un par de veces, para que le quedara claro. Me miró un poco raro y dijo algo que no entendí, pero interpreté como un «**espera un momento**». Así que me quedé ahí, en la barra, esperando como un idiota mientras él desaparecía hacia la cocina.

A los pocos segundos, escuché a Maica riéndose detrás de mí.

—¿Qué haces? —me preguntó entre risas.

—Me ha dicho que espere, ¿no? —contesté, todavía convencido de que iba a salir un trabajo de la cocina.

—No, te ha dicho que no tienen nada y que si vives en la zona —dijo, aguantando la carcajada—. Y tú le has respondido dos veces que «jornada completa».

Salimos del bar bajo una llovizna típica de Londres. Hacía frío y el cielo estaba gris como de costumbre. Mi prima me dijo con ánimo: «Vamos, sigamos buscando». Pero yo estaba agotado, cargado de tantos «no» en un solo día. La miré y le dije:

—No, prima. **Ya me han rechazado suficiente por hoy**. Vamos a tomarnos una pinta de cerveza... la necesito.

Me di cuenta de que no iba a encontrar trabajo ni fregando platos. Londres no iba a regalarme nada, así que decidí ponerme las pilas. Me apunté a un curso intensivo de inglés, de lunes a viernes, tres horas al día. Luego, en casa, me ponía a estudiar y a ver la tele en inglés, aunque no entendiera nada de lo que decían.

Londres era caro, muy caro. Comer, el alquiler, la *travel card*, el curso... Todo se tragaba mis ahorros a una velocidad de vértigo.

A los dos meses, finalmente conseguí mi primer trabajo. De *housekeeping* en un hotel de Notting Hill. Ya sabes, el *glamour* de pasar la aspiradora por moquetas y cargar sábanas sucias de planta en planta. El primer día fue un poco raro, la encargada me estaba explicando mi rutina: pulir pomos, rellenar armarios de servicio de habitaciones, pasar la fregona cada mañana por el corredor del sótano. Así que, en mi intento por aprender algo más de vocabulario, le pregunté, señalando la fregona: «¿Cómo se llama esto?».

La encargada me miró como si acabara de pedirle que me explicara la teoría de la relatividad. Tomó la fregona con toda la solemnidad del mundo, la escurrió como si estuviera haciendo una ceremonia secreta y, con una paciencia que **solo se reserva para niños pequeños o adultos con evidentes problemas**, me dio una explicación detallada de cómo se usa una fregona. La observaba en plan: «Gracias por la lección, pero yo sé cómo usar la fregona, lo que no sé es cómo llamarla en inglés». Pero claro, no me atreví a interrumpirla, y tampoco habría sabido defender eso que estaba pensando en un inglés entendible. Evidentemente, no había formulado bien la pregunta y seguramente le habría dicho algo como «¿Qué es esto?». Yo solo quería saber cómo se decía «fregona» en inglés, **pero me gané un tutorial básico de limpieza nivel guardería**, y seguramente a mis espaldas el apodo de tonto. Estaba claro que mi inglés seguía siendo un desastre, pero, al menos, ya tenía un trabajo. Y eso, para mí, ya era un triunfo.

Lluvia exiliada

Cruzar el mar sin lengua,
ser sombra en ciudad de niebla.
Londres olvida mi forma,
cuenta los días en cifras frías.
Cada palabra, un esfuerzo,
cada rostro, un destiempo.

Ser raíz sin suelo,
agua que no regresa,
llevar la ausencia en los bolsillos,
ser extranjero
en cada paso,
ser nadie
en todas partes.

Pasaron unos meses en los que compaginaba el hotel con la academia de inglés, avanzando despacio, como si cada palabra fuera un obstáculo. Pero hubo un momento que nunca olvidaré: la primera vez que me reí viendo la tele. Era un capítulo de *Los Simpsons*, y, de repente, entendí la broma. Fue como abrir una puerta que siempre había estado cerrada. A partir de ahí, las bromas empezaron a tener sentido, paulatinamente, una tras otra. El inglés, por fin, **dejó de ser solo ruido** y empezó a tener vida propia.

Cambiar de trabajos era como cambiar de calcetines en Londres y, aunque los compaginara, el dinero siempre desaparecía más rápido de lo que entraba. En España podría decir que trabajaba de sol a sol, pero allí amanecía a las cuatro y algo de la mañana y el sol se largaba poco después del almuerzo. Mis días comenzaban a las seis, con trenes que me llevaban a Charing Cross, transbordos de metro y un sinfín de caminatas. Dos horas para llegar, dos horas para volver. Una rutina mortal. Un día, el cansancio me pasó factura. Me quedé frito en el último tren y desperté en la otra punta de Londres. Lo mejor: ya no había trenes de vuelta. Me bajé, desorientado y con cara de «¿dónde diablos estoy?», y me senté en unas escaleras a pensar en mi vida. Tenía mi *travel card*, pero ya no servía de nada, y apenas treinta y cinco pounds en la tarjeta hasta que no cobrara en dos días. El taxista me pidió noventa pounds para llevarme a casa. Así que pensé: «Venga, será una noche romántica en la estación».

En eso, una chica bastante borracha se sentó cerca de mí, hablando en español por el móvil. Entre risas y tropezones, le contaba a alguien que se había liado con su jefe, que además estaba casado y que no sabía qué hacer. Era un culebrón en directo. Cuando colgó, me presenté y le conté mi drama. No me ofreció dinero para el taxi (lo cual era de esperar), pero sí me dijo que, si no hacía ruido, podía dormir en su cama. Ella era *au pair* y vivía en una casa cuidando a unos niños ingleses. A esas alturas, ¿qué podía perder?

Así que ahí estaba yo, terminando mi odisea londinense durmiendo en una cama de noventa centímetros, con una española medio ebria a un lado, de la cual no recuerdo ni el nombre, y dos niños ingleses durmiendo en el mismo cuarto. Yo, acurrucado en esa cama diminuta, pensando: «Ni Hitchcock podría haber escrito este guion». Olía a alcohol, las sábanas se sentían como de cartón, y yo haciendo todo lo posible por no moverme ni respirar muy fuerte. A la mañana siguiente, me levanté antes de que abriera la estación de trenes, salí de esa casa en modo ninja, casi a gatas para no despertar a nadie, y nunca más volví a saber de esa chica.

La noche más rara que he vivido en Londres, y la más incómoda. Pero oye, al menos me ahorré el banco de la estación. ¡Punto para mí!

A los seis meses en Londres, mi inglés ya era lo suficientemente decente como para lanzarme a los **Job Centers** con la esperanza de encontrar algo mejor. Sabía que un trabajo cualquiera pagaba entre cinco y siete libras la hora, pero si tenías un oficio, si eras carpintero, fontanero, electricista o, en mi caso, soldador, las cosas se ponían interesantes: entre doce y quince libras la hora. ¡Y yo sabía soldar! Pensé que tenía una posibilidad.

A la tercera entrevista, la realidad me golpeó en la cara. Sabía soldar, sí, pero sin un título que lo avalara, para ellos no era más que **un tipo con historias**. Me di cuenta rápido de que mi experiencia no valía mucho sin el papel adecuado, y esa puerta se cerró. Así que sin tiempo que perder, continué con la búsqueda.

Conseguí trabajo de peón en la construcción, pero aquí las cosas eran diferentes. A diferencia de Fuerteventura, donde cada día aprendía algo nuevo y mis ganas se valoraban, en Londres todo era más frío. No les interesaba si querías aprender; solo querían que movieras ladrillos de un lado a otro y barrieras sin hacer preguntas. Mis manos sabían soldar, pero en Londres solo les importaba si también sabían cargar peso.

Mi vida social en Londres se limitaba a mi casa, un sitio calentito donde no llovía y donde mi prima Rocío **era siempre el mejor momento del día**. Cocinábamos juntos unas humildes papitas en amarillo y nos reíamos a carcajadas de nuestros miserables trabajos y de la precariedad que nos rodeaba. Como no teníamos ni para salir de fiesta, las montábamos allí mismo, entre whisky barato del Lidl y risas, celebrando a nuestra manera.

Mi prima estaba en esos momentos con Carlos, que también vivía con nosotros. Un abogado canario, culto e interesante, de esos que siempre tienen un buen libro que recomendar. Era un tipo profundo, y nuestras conversaciones siempre tenían algo de peso, como si en cualquier momento pudiéramos arreglar el mundo.

Y luego estaba Uri Stav, un judío que me hacía muchísima gracia. Estudiaba guitarra en el conservatorio de jazz y, en su tiempo libre, escribía un libro. Uri me recordaba a Woody Allen: neurótico, dándole mil vueltas a cada cosa, **como si no existiera una sola respuesta que no mereciera ser cuestionada una y otra vez**. Siempre me decía que no entendía cómo yo me tomaba la vida tan fácil, que quería aprender eso de mí.

Uri me invitaba a ir con él a las *jams*. La primera vez que lo vi tocar, me quedé alucinado. Ahí estaba, rodeado de músicos que ni siquiera se conocían entre ellos, y de pronto comenzaban a tocar como si llevaran años ensayando. Fue surrealista. No podía creer que se pudiera improvisar así, que la música saliera tan natural. Definitivamente, Uri fue el que despertó mi fascinación por la música.

Los trabajos en Londres venían y se iban, casi como las estaciones. Mi idea de quedarme solo unos meses para aprender inglés había quedado atrás hacía tiempo. El idioma ya no era un problema, pero dar marcha atrás no lo contemplaba, aunque Londres empezaba a pesar como una carga. Era como estar en una pelea, recibiendo golpes, pero negándome a caer, **como si el orgullo me mantuviera en pie**, esperando ese K.O. definitivo.

Repartir pizzas en moto fue otro capítulo en esa odisea. En aquellos tiempos no había GPS; te daban un mapa y una dirección, y te las apañabas. Recuerdo una vez que entregué un pedido, le dije al tipo el precio, me dio un dinero mientras cerraba la puerta de golpe. Lo conté, faltaban cuatro pounds. Volví a tocar, nada. Llamé de nuevo, silencio. Y ahí estaba yo, aporreando la puerta, con más fuerza cada vez, decidido a no marcharme sin esos cuatro míseros pounds. No es que me importara la empresa, pero no me hacía gracia tener que dar explicaciones a mi jefe. Finalmente, el tipo abrió de mala gana, y antes de que pudiera decir nada, ya tenía los cuatro pounds en la mano, con una mirada de odio. Me los lanzó al suelo y cerró la puerta con un portazo. ¡Menuda cara!

Otro día, metido de lleno en las calles londinenses, entré en una zona con la moto de la empresa a hacer mi envío y de repente, seis o siete chavales aparecieron en mitad de la vía, bloqueando el paso. No sé qué querían, pero tenía claro que no era una charla amistosa. Sin pensarlo, hice un giro rápido con la moto y me largué por donde vine antes de que la cosa se torciera.

Y entonces, la peor de todas. Llegué a un bloque de pisos, con tres pizzas familiares y unos refrescos. Llamé al interfono, me abrieron. Dos tipos que estaban en la entrada se metieron conmigo en el bloque. Y ahí, con la puerta del ascensor cerrada y el espacio reducido, lo supe. Se me pegaron demasiado, uno sacó una navaja y me pidió todo el dinero. Tenía unos cuarenta y cinco pounds de pedidos anteriores. Se los di, sin rechistar. Se llevaron las pizzas, el dinero y los refrescos, solo me dejaron el corazón metido en la garganta y **un camino de vuelta denso hasta la pizzería**. El cliente se quedó sin sus pizzas, no solo esa noche, sino para siempre. El supervisor, harto de problemas en esos bloques, los eliminó del mapa y nunca más volvimos a repartir por ahí.

¡Se me olvidaba una de las mejores! Viernes por la noche, cuatro repartos a la vez, y yo en modo *Fast & Furious* porque tenía menos de cuarenta minutos para entregar todo o Pizza Hut regalaba las pizzas y yo me ganaba un buen tirón de orejas. Iba a toda velocidad con el último pedido cuando, en medio de la carrera contra el tiempo, no me acordé del stop. Solo vi el coche que venía rápido por la derecha, y en ese momento ya era tarde para evitar la colisión. Todo lo que pude hacer fue encogerme, presintiendo que iba a doler. La moto se estampó contra el coche, pero, de alguna manera, volé por encima, giré en el aire y caí de cuatro patas en el suelo, como un gato. Llevaba la ropa de moto con sus protectores, pero aun así no tengo ni idea de cómo no me rompí nada. El conductor del coche, un chico que estaba blanco del susto (y eso que era de color), salió y me preguntó si estaba bien. Le dije que sí, aún procesando que había salido ileso. Me respondió: «Me tengo que ir». Y así lo hizo. Apartó la moto y desapareció, probablemente porque no tenía seguro, ya que la empresa era la que debía reparar su coche asumiendo mi error. Pero decidió irse nervioso y con el paragolpes del coche dañado. La moto andaba, un poco maltrecha, pero lo suficiente como para llevar el último pedido, a solo ochenta metros en esa misma calle. Obviamente, ya me había pasado de tiempo, así que la pizza era gratis. Llamé al cliente, salió, y le dije que acababa de tener un accidente en la esquina, que la pizza no estaba en su mejor momento y que más que una pizza parecía un cuadro de Joan Miró, pero que, bueno, era gratis por el retraso. No puso muchas pegas, y hasta me dio dos pounds de propina. ¡Menudo final para una noche de repartos!

Diana vino a verme cuando llevaba casi un año en Londres. Pasábamos los días en Camden Town, mi refugio, el lugar donde el caos se volvía poesía. Pero cuando se fue, la distancia, que antes era una sombra llevadera, empezó a pesar. Cada kilómetro se hacía más denso, más insoportable. Se cansó de esperar, lo sé. De esperar a alguien que ya no sabía por qué seguía en un lugar que, poco a poco, le arrancaba trozos del alma.

Londres era como un viejo boxeador, golpeando sin descanso, y yo, **demasiado testarudo para caer**, seguía en pie, aunque cada vez con menos razones para estar allí.

Diana vio lo que yo no quería ver. Que la distancia no era solo entre nosotros, sino también entre lo que algún día fui y lo que me estaba volviendo. Pocos meses después, me lo dijo por teléfono, con una voz que intentaba no romperse. «Ya no puedo más», dijo, y en esas cuatro palabras entendí lo que había estado evitando. La distancia no solo había crecido, se había convertido en un muro, y cada día que pasaba, Londres lo hacía más alto, más impenetrable.

No hubo gritos, ni reproches. Solo la fría realidad de una llamada que sentí como un eco en una ciudad que ya no me hablaba, y en ese momento supe que la batalla que estaba librando no era solo con Londres, **sino conmigo mismo**.

Adiós, Diana

Ella llegó como el decir
de un recuerdo,
entre las calles de un caos que llamábamos nuestro.

Caminamos entre sombras ligeras,
pero al irse, la distancia se hizo piedra,
y el tiempo, silencio.

Ella partió entre turbinas de sombra,
y yo, errante sin brújula,
seguí arañando horizontes sin contornos,
devorando fragmentos de tiempo
que nunca se dejaban atrapar.

El presente, una herida abierta,
se hundía en mi pecho de escombros.

Me compré una moto de segunda mano por novecientos pounds. Un gasto considerable, pero oye, al menos ya no tenía que soportar los trenes y sus malditos transbordos que convertían cada trayecto en un peregrinaje. Ahora, en cuarenta minutos estaba en la ciudad, sintiendo el viento y la libertad como si fuera el rey del mundo...

Por otra parte, mi prima Rocío conoció a un cliente en la tienda de ropa en la que trabajaba. El chico le preguntó algo en inglés, con ese acento que dejaba claro que no era británico. «¿Eres español, verdad?», le soltó mi prima. Él sonrió y respondió: «¡Claro! De Huelva». Y Rocío, emocionada, le dijo: «¡Anda, yo también!». Vamos, como si hubieran encontrado petróleo en mitad de Londres. Así fue como **Julete** entró en nuestras vidas, seguido de su amigo **Alex**, que apareció como si lo hubieran sacado de una película de colegas. En menos de una semana ya éramos como uña y mugre. Pasamos de fiestas raras a fiestas aún más raras, nos movíamos por Londres como si tuviéramos una misión secreta: beber, reírnos y buscar excusas para hacerlo todo otra vez al día siguiente. En una de esas fiestas, conocimos a una chica haciendo el baile del pañuelo. Sí, como lo lees, el famoso baile. Estaba claro que era española, no hacía falta ser Sherlock. Resultó ser Nagore, la misma que años después se haría muy famosa en Gran Hermano. Lo de Nagore y yo fue como una especie de relación en la que las risas estaban aseguradas y los paseos en moto se convirtieron en nuestra rutina. Me pregunto si, con toda su fama actual, aún se acordará de aquellos días, o si los tiene archivados en el cajón de los recuerdos olvidados. Esa fue, sin duda, la época más divertida de Londres. Los últimos cuatro meses fueron una mezcla de risas, fiesta y camaradería con el mejor equipo: mis primas, Julete, Alex y Nagore. El dinero seguía escaso, pero la diversión no tenía precio. Trabajaba como repartidor en moto, y aunque me perdía más de lo que me encontraba, siempre con el mapa en mano porque el GPS era cosa de ciencia ficción, terminé conociendo Londres de tanto dar vueltas.

Julete se volvió a España, y Alex se mudó a nuestra casa de Abbey Wood el último mes. Vendí la moto y saqué ochocientos pounds, lo justo para comprar un vuelo de vuelta, y aún me sobraba algo para no llegar con las manos totalmente vacías a casa de mis padres.

Así que, junto con Alex, dejamos atrás Londres y nos volvimos juntos a Sevilla; él tras unos meses, yo después de casi dos años, cargando con todas las historias que la ciudad me había dejado.

El Támesis sigue

Londres me abrazó con manos frías,
sus dedos eran raíles de hierro oxidado
que surcaban un horizonte sin promesas.

Me recibió con trenes que nunca paraban,
con estaciones que tragaban rostros
y días que pesaban como siglos.

Caminé sus calles sin nombre,
arterias de una bestia insomne
que respiraba en humos y latas,
perdido entre mapas y esquinas
que nunca fueron mías,
como un lote de pasos oxidados.

Cada mañana era un combate,
la alarma era un cuchillo,
el reloj, un verdugo impasible;
el sueldo, apenas un náufrago
que flotaba en un mar de facturas.

Las penurias se acumulaban,
capas de ceniza que se adherían a mi espalda,
mientras el cielo, encapotado de hollín,
me observaba con su mudez indiferente.

El orgullo, ese necio compañero,
me empujaba a seguir,
aunque no sabía si el destino
era una meta o una excusa.

Londres me dejó cicatrices,
marcas de un duelo entre el alma y el asfalto.
Me enseñó a caminar en grietas,
a leer la poesía en las manchas de aceite,
a oír melodías en el retumbar de las máquinas.

Y al final, cuando los trenes callaron
y las calles me dejaron ir,
descubrí que Londres,
esa ciudad de espinas y vértigos,
no me rompió,
solo me moldeó.

Me dejó una piel más gruesa,
un corazón más sabio,
y el peso irremediable de saber
que todo, aunque duela,
también puede renacer.

Londres me dejó cicatrices,
pero también una piel más dura,
un corazón más sabio
y el peso de saber
que, **aunque duele**,
todo pasa.

CAPÍTULO 6

EL SOLDADOR Y SU METAMORFOSIS

Había un curso de soldadura en Arahal, un pueblo a cuarenta kilómetros de Sevilla. No lo dudé ni un segundo y me inscribí. Si algún día volvía a Londres o me iba a cualquier otro lugar, no iba a ser para repetir los mismos trabajos mal pagados ni para dejar pasar las oportunidades. Esta vez, iría con las herramientas necesarias para forjar un camino distinto, uno en el que tuviera el control.

Durante seis meses, de lunes a viernes, ahí estaba yo, destacando en la parte práctica. Ya llegué sabiendo soldar, así que el taller era como mi zona VIP. Pero la teoría... ¡madre mía! La misma tortura que recordaba del colegio: horas de charla eterna mientras yo solo quería ponerme a soldar. Estaba claro que si el metal pudiera hablar, también se quejaría del aburrimiento que era esa parte del curso.

Los fines de semana los pasaba en Gilena, y la pandilla no paraba de crecer. Al cuarteto original formado por Juanfe, su primo Juanfu, Migue y yo, se sumaron el hermano de Juanfe, Álvaro, y todos sus amigos, a quienes habíamos visto crecer un poco por debajo nuestra. Pero ya con veintipocos años, esa diferencia de edad no importaba mucho. Nos habíamos convertido en una tribu enorme. La sensación en esas edades de ser una piña, un grupo inseparable, es una lección que solo se entiende si estás dispuesto a aprenderla. La unión, la complicidad, el sentir que todos somos parte de algo más grande son experiencias que marcan, dejando huellas profundas en quienes las viven, y transforman los simples fines de semana y los veranos en algo mucho más importante.

Después del curso de soldadura me salió un trabajo en Málaga, y allí me tiré seis meses, hasta que un día un «compañero» de trabajo me preguntó cuánto cobraba. Inocente de mí, se lo dije, y fue un error enorme. Resulta que yo ganaba más que él. Claro, él era de Málaga, mientras que yo tenía que pagar una habitación de alquiler, así que desde el principio negocié el sueldo con el jefe, y le pareció justo.

Lo más sensato habría sido que ese «compañero» luchara por mejorar su salario si es que lo consideraba injusto, en vez de sembrar rumores y mal rollo en el ambiente, pero no fue así. Lo que habría sido una conversación honesta se convirtió en una bola de nieve que no paraba de crecer. Cada día, el ambiente se volvía más pesado, como un cielo cargado antes de la tormenta. Al final, el jefe tomó la salida fácil: no renovar mi contrato al cumplir los seis meses.

Fue la primera y única vez que me han echado de un trabajo, pero no me avergüenza. A veces, en lugar de raíces profundas, lo único que encuentras en un sitio son **hojas secas que el viento arrastra**. Y en Málaga, en esa empresa, no conocí a nadie que realmente mereciera la pena.

Máscara rota

Bastaron los espejos rotos
para murmurar que a veces,
las raíces son espejismos,
hilos sin agua ni sombra,
y que hay tierras
donde la verdad se entierra
bajo el polvo,
y la máscara del viento
que danza llevándose todo.

La hipocresía tiene alas de cera,
pero en la noche las luce
como si fueran de fuego,
como si el canto del cuervo
no fuese también
una lección extraviada.

Mi siguiente trabajo de soldador fue como volver a casa, y no solo porque estaba en Sevilla, sino por la gente que hacía de la empresa un lugar cálido. Algunos compañeros se convirtieron en amigos, esos que siguen presentes con el paso de los años. Compartimos más que soldadura y jornadas de obra, compartimos historias, risas y obras en ciudades como Melilla, Huesca o Jerez.

Llevaba año y medio en la empresa, y las cosas comenzaron a aclararse, como si poco a poco el velo de la rutina se fuera levantando. Me encontraba atrapado en la clásica fórmula: ocho horas al día, de lunes a viernes, fines de semana libres, y ese odioso sabor de los domingos cuando sabes que el lunes te espera con los puños abiertos y las manos cerradas. Un mes de vacaciones para respirar, y luego, **vuelta al círculo**. Me di cuenta de que, si me hubiera rendido a esa comodidad, si hubiera comprado el coche nuevo o firmado una hipoteca, **este libro nunca existiría**.

En lugar de hundirme en esa seguridad que te encierra, me empezaron a rondar las preguntas que algunos se atreven a hacerse, las incómodas. **¿Qué es la vida realmente?** ¿Por qué hacemos lo que hacemos? ¿Qué sentido tiene seguir los caminos que otros ya han trazado? Sentí esa crisis existencial que llega **cuando intuyes que no quieres caminar las huellas que la sociedad te ofrece**, que hay algo más, algo fuera de esa caja bien diseñada.

Las palabras de Alonso, aquel hombre que me enseñó a soldar en Cartagena cinco años atrás, comenzaron a resonar en mi cabeza, como si hubieran estado esperando este momento: «**Tengo un amigo, buzo soldador, que viaja por todo el mundo**». Esa frase se convirtió en una brújula interna. No sabía si lo lograría, ni si al final de ese camino me gustaría lo que encontraría, pero sabía con certeza **lo que no quería**. Cada trabajo, desde mis catorce años, me había enseñado eso con claridad.

A veces, no se trata de saber lo que quieres, sino de tener el valor de alejarte de lo que no deseas. Y así supe que la vida no es una rutina que se cumple, sino un sueño que se persigue, incluso cuando no tienes todas las respuestas. Dejé que el anhelo de algo más me guiara, porque a fin de cuentas, hay un punto en que, si no vas tras tus sueños, **acabas viviendo los de otros**. Y comprendí que ese guion no estaba escrito para mí.

CAPÍTULO 7

EL CURSO DE BUZO

Otra vez en Málaga, donde el mar siempre tiene algo que decir, aunque uno a veces no lo escuche. Volví casi dos años después, esta vez para hacer el curso de buzo profesional.

Se lo dije al jefe en Sevilla, con la seguridad de quien ya sabe que no hay vuelta atrás. Su hijo, ese que nunca dejó de mirarme como si yo fuera un proyecto por moldear, me quería para supervisor. «Tienes madera para esto», me decía con una sonrisa, como si supiera de qué estaba hecho yo. Pero lo que no entendía es que **algunas maderas arden antes que otras**, y yo ya sentía el fuego en los talones.

Agradecí su oferta, **esa escalera dorada que me llevaba a ninguna parte**, y me despedí. Las puertas quedaron abiertas, pero nunca me ha gustado dejar puertas entreabiertas. Prefiero cerrarlas de golpe y sentir el eco rebotando en el pasillo, como quien se sacude el polvo de una piel que nunca fue suya.

En Málaga dormía en una habitación de alquiler que olía a tiempo, ese tiempo que se cuela por las rendijas y se acumula en las esquinas. No era grande ni pequeña, simplemente era. Como yo, en esos días, flotando entre lo que fui y lo que podría ser. Cada mañana, subía al coche y conducía hasta Benalmádena, donde el mar me miraba desde lejos, cómplice de silencios que no quería escuchar. El curso duró meses. El agua dejó de ser un límite y se convirtió en un segundo hogar. Aprendí a leer la respiración en burbujas, a confiar en el peso del silencio, a hundirme sin miedo y a flotar sin prisa.

La dueña de la casa rondaba los setenta y tantos, aunque su cuerpo bailaba al ritmo de alguien que nunca ha aprendido a contar años. Me decía que hacía yoga, que su secreto estaba en la respiración, en aprender a doblarse sin romperse. Me hablaba del **Kybalión** como si fuera la llave de un misterio antiguo, una de esas respuestas que nadie pregunta. Yo, hasta entonces, no había tenido tiempo ni inquietud de pensar en esas cosas. Mi espiritualidad era el océano, donde uno baja hasta el fondo y espera, en la oscuridad, **a que algo le hable**. Pero las semillas que ella plantaba en nuestras charlas comenzaron a germinar de a poco, en silencio, como todo lo que cambia desde adentro.

Por esos días estaba saliendo con **Marga**, que vivía en Málaga. Marga de Gilena. Fue mi primera novia de palabra, una historia que ni siquiera merece llamarse historia, pero que en su momento era todo lo que sabíamos del amor. Teníamos catorce años y los chicos, en un estúpido juego de bravuconería adolescente, nos habíamos desafiado a pedir salir a una chica esa misma tarde. Juanfe eligió a Natalia. Yo elegí a Marga. Con el nudo en la garganta, de esos que a esa edad parecen ahorcarte, me acerqué y le solté la frase que tenía preparada como un prisionero a punto de ser liberado: «¿Quieres salir conmigo?». Y ella, sin pensarlo mucho, dijo que sí. Fueron los siete días más largos de mi vida. Una semana entera sin atrevernos a mirarnos, atrapados en esa vergüenza que solo el primer amor provoca. Hasta que un día me dijo que se iba a la playa con sus padres, que pasaría semanas y que lo mejor era dejarlo. Así, como si nada, como quien apaga una luz y cierra la puerta, dejándome en la oscuridad sin saber qué había pasado. El amor, en ese entonces, **era una palabra demasiado grande para unos niños que no sabían qué hacer con ella**.

Años después, nos reencontramos en una feria de Gilena, justo antes de que yo decidiera hacerme este curso de buzo profesional en Málaga. Fue una de esas coincidencias que parecen estar escritas en algún lugar oculto del universo. Pasamos horas hablando, riéndonos de las estupideces que antes llamábamos amor, y de las nuevas estupideces que ahora llamábamos vida. Y entre risas y recuerdos, surgió una relación que se pareció más a una amistad profunda que a lo que se pudiera llamar una relación romántica.

Como amigos éramos un diez: el humor absurdo, las bromas que solo nosotros entendíamos, ese código secreto que se escribe entre los que comparten las mismas cicatrices.

Recuerdo aquella tarde, al borde de lo absurdo, entre la playa común y la nudista, como un territorio sin ley. A la izquierda, los bañadores colgaban de los cuerpos como banderas, y a la derecha, las nalgas se asomaban al viento sin vergüenza ni permiso. El sol, ya cansado de tanto observarnos, comenzó a caer, y nosotros, cómplices de ese atardecer, caminamos de vuelta al coche, convencidos de que el día terminaba ahí.

Pero algo extraño flotaba en el aire, algo que no vimos al principio. El camino de tierra, vacío como la playa, estaba lleno de coches. Demasiados, para la poca gente que habíamos visto en la arena. Fue al salir cuando lo notamos: los coches avanzaban despacio, **casi en una coreografía macabra que ninguno de los dos entendía**. Cada conductor que pasaba, nos miraba fijo, como si esperaran algo de nosotros. No decían nada, **solo dejaban el peso de sus ojos colgado de nuestras ventanas**. Algunos, más audaces, encendían los flashes de las luces largas, lanzando señales que no comprendíamos. Nos mirábamos, perplejos, como dos niños en una obra de teatro donde los papeles no habían sido repartidos.

Salimos de allí riendo, inocentes, creyendo que lo raro se quedaría en el camino. Pero la curiosidad no se va así de fácil. En el trayecto de vuelta, lo descubrimos: era un lugar de encuentros. El camino, ese desfile silencioso de coches y miradas, no era casual. Era un ritual donde los cuerpos se encontraban sin palabras, donde los faros encendidos eran invitaciones, y el deseo se escondía entre los pliegues de la noche. Nos reímos, claro. Porque hay cosas que solo se pueden tomar con humor.

Esa noche, en el piso de Marga, comíamos pizzas como si hubiéramos descubierto un gran secreto, uno que solo nosotros entendíamos. Y fue en medio de esa risa, de ese humor absurdo que nos unía, cuando se nos ocurrió la idea más estúpida del mundo. Cortamos el cartón de la pizza, lo justo para que nuestras caras pudieran encastrarse. Y ahí estábamos, dos idiotas con cajas de pizza en la cabeza, riendo sin control, planificando nuestro regreso.

Volvimos al lugar, ya avanzada la noche, con las luces del coche iluminando ese camino de encuentros. Íbamos despacio, como nos enseñaron horas antes. Cada vez que un coche pasaba, nos parábamos, serios, con nuestras caras asomadas por el agujero del cartón de pizza. Los conductores de los otros coches nos miraban confundidos, con los ojos como platos, como el que no entiende el juego. Pero ahí estábamos nosotros, quietos, con nuestras cajas de pizza en la cabeza, como si el destino de esa noche dependiera de la absurda seriedad con la que jugábamos. Era una broma, pero una de esas que solo compartes con quien te conoce hasta el fondo. Y esa era Marga para mí: la compañera en las tonterías que, por un momento, transformaban el mundo en un lugar sin sentido. Esa risa, esa libertad, era nuestro lenguaje. Porque cuando todo lo demás se apaga, **cuando las luces largas se encienden y las miradas te pesan**, a veces lo único que queda es el humor, ese que salva.

Pero como pareja... Ah, como pareja éramos un desastre. Lo intentamos, claro, porque los humanos somos testarudos, y porque el cariño que nos teníamos era real, palpable. Había amor, de eso no hay duda. Un amor que se colaba en las risas, en los silencios cómodos, en la manera en que compartíamos lo absurdo y lo pequeño. Pero a veces el amor no es suficiente, o no del tipo que uno cree necesario para que funcione. Éramos buenos en tantas cosas, pero no en ser pareja.

La magia que sentíamos como amigos, esa chispa que nos hacía cómplices de cada broma y cada locura, desaparecía cuando intentábamos llevarlo al terreno de lo romántico. Era como si el amor, ese que todo lo puede y todo lo salva en los cuentos, no quisiera estar de nuestra parte. Lo intentamos, claro, porque nos queríamos. Pero lo supimos rápido, casi sin decirlo: no funcionaba. Lo dejamos con la misma naturalidad con la que empezó, sin dramatismos ni reproches. Sabíamos que no éramos eso, no éramos la pareja ideal, **pero éramos mucho más**.

Desde entonces, Marga ha sido mi lucero, la estrella que brilla cuando todo lo demás se apaga. No la necesito cerca físicamente para sentir su presencia; está, siempre está, como esa certeza de que el mar sigue ahí, **aunque no escuches las olas romper**. No hace falta que nos llamemos cada semana, ni que compartamos cada detalle de nuestras vidas, porque lo que compartimos va más allá de lo cotidiano. Es una conexión que no necesita mantenimiento constante, como si supiéramos que, al final del día, siempre nos encontraremos, estemos donde estemos.

Málaga fue más que una ciudad. Fue el escenario de reencuentros, de descubrimientos silenciosos y de decisiones que marcarían un antes y un después. No sé si aquella mujer del yoga sabía que estaba sembrando algo en mí con los libros que me recomendó, ni si Marga comprendía del todo lo que significaba ser mi amiga en esos días. Lo que sí sé es que, a veces, son los encuentros más simples los que abren puertas hacia lo que está por venir. Y yo, aún sin saberlo del todo, estaba empezando a caminar por un camino nuevo, uno que no tenía señales, pero que sentía dentro, como un rumor submarino que solo yo podía oír.

Semilla que sueña con bosque

En el atril de la tierra,
una esquirla de noche se dobla,
se retuerce.
No sabe si ser pluma o garra,
si abrirse en acorde
o cerrarse como un puño
de silencio mineral.
En la costura del mundo,
algo filtra su primer aliento:
un óxido que palpita,
un crujido que no avisa.
¿Es esto semilla? ¿Es esto, acaso,
el preludio de la ruina
o del incendio?
Corteza y fractura,
un reloj sin manecillas escupe su voz:
no florezco aún,
pero tampoco me detengo.

Aquí todo es boceto,
instrucciones que no encajan,
piezas sueltas de un todo
por ensamblar.

Quizá nazca un enjambre,
quizá un árbol de metal,
quizá nada.
Y en ese nada,
el germen de un nunca repetido.

CAPÍTULO 8

ESTELAS DE SUDOR

El curso terminó y regresé a Sevilla. Volví con el diploma bajo el brazo y el futuro por delante, enviando currículums a todas las empresas de buceo profesional que encontré.

Pasó un mes. Pasaron dos. Pasaron tres. El silencio se fue haciendo compañía, y la incertidumbre empezó a teñir las horas. El teléfono no sonaba, los correos no llegaban, y las esperanzas, **esas que uno lanza al aire como si fueran cometas**, no encontraban viento.

Un día, caminando por mi barrio, casi por inercia, vi algo familiar al final de la calle: la furgoneta de mi antigua empresa. Estaba aparcada junto a una obra que estaban haciendo cerca de casa de mis padres. Me acerqué, curioso, y reconocí a los trabajadores, uno a uno. Saludé con sorpresa, y ahí estaba, el hijo del jefe.

Le conté mi situación: el curso estaba terminado, pero ya llevaba más de dos meses sin respuesta. El tiempo se me escapaba entre los dedos, y las promesas del futuro empezaban a pesar. Me escuchó y, con la naturalidad de quien ofrece una salida que parece sencilla, me dijo que volviera a la empresa. «Sigue intentando lo del buceo —me dijo—, pero mientras, aquí tienes tu lugar. Si te sale algo, te vas sin compromiso».

No me pareció una mala idea, sobre todo por la cercanía de la obra. Pensé que sería cuestión de semanas, tal vez un mes, antes de que el teléfono finalmente sonara y pudiera sumergirme en esa nueva aventura que tanto había proyectado. Pero no fue así. Los meses pasaron, y ahí estaba de nuevo, atrapado en la rutina, **en esa especie de niebla espesa que llamamos costumbre**. Seis meses, viendo cómo el mismo demonio que me había devorado antes comenzaba a hacer lo suyo de nuevo, lenta y silenciosamente.

Hasta que un día, sin previo aviso, tomé la decisión. No fue un impulso, fue más bien una certeza que se había ido cocinando a fuego lento, hasta llegar a ese punto donde no había vuelta atrás. Por segunda vez dejé la empresa, esta vez con la firme convicción de quien sabe que no hay marcha atrás, **que no hay más concesiones que hacerle al miedo o a la comodidad**.

MADRID, ESE RUIDO CON HISTORIAS

El destino era Madrid. La ciudad donde todo se mueve, donde las oportunidades corren como un río desbordado, arrasando con sueños y promesas en su frenético cauce.

Encontré dos empresas grandes de buceo y, esta vez, estaba decidido a que no sería el silencio quien hablara.

Mi querido amigo Javi, de Gilena, fue mi refugio en Madrid. Vivía allí con otros compañeros de piso y, sin dudarlo, me ofreció un techo temporal, un sofá gastado pero acogedor, y lo más importante: una sonrisa que despejaba nubes y un abrazo en esos días donde el ánimo caía como una piedra al fondo del pozo. Tener amigos así es como encontrar una orilla en medio de un naufragio. Javi estaba ahí, como siempre lo ha estado desde que lo conocí a los trece años, aunque no siempre en el mismo lugar, porque las amistades son como el viento, a veces soplan fuerte y otras parecen desvanecerse sin aviso. Hubo un tiempo en el que desapareció, dejó de salir, se esfumó de la pandilla, pero lo rescaté años después, y desde entonces, se convirtió en uno de mis mejores amigos. Esa clase de amigos que se pierde y se recupera, pero siempre vuelve a encajar en el puzle de tu vida.

Además, en Madrid también estaba **Maiki**, uno de esos hermanos elegidos que regalas a tu vida. Lo conocí a los veinticuatro años, gracias a su prima, que lo trajo un fin de semana a nuestra pandilla de Gilena. Al principio, como suele pasar con las relaciones que luego se vuelven inseparables, no me cayó en gracia. Maiki era uno de esos tipos que caen bien desde el primer segundo. Madrileño, gracioso, avispado, con una luz natural que iluminaba cualquier habitación. Lo admito, al principio me incomodaba. Vi en él una amenaza, un brillo que podía opacar el mío, y su presencia me acomplejaba de una manera tan simple y visceral como inevitable. No duró mucho, claro. Quizás solo la primera noche. Porque, en cuanto profundizamos, en cuanto intercambiamos más que palabras superficiales, me di cuenta de que no había nada que temer, solo algo que amar. Lo que al principio me inquietaba se transformó en admiración y afecto, porque cuanto más lo conocía, más lo quería. Y con el tiempo, Maiki demostró ser mucho más que un simple amigo. Es un ser especial, único, con una luz que no solo no apaga la de los demás, sino que te invita a brillar junto a él. Esa luz ha crecido de una manera que pocos logran; es un faro en un mundo lleno de sombras, alguien que te recuerda, con su sola presencia, **que hay almas que nacen para iluminar**.

Madrid, con sus dos amigos de alma y sus infinitas promesas, era el escenario perfecto para empezar de nuevo. Allí, entre techos prestados y risas compartidas, me di cuenta de que no importa dónde vayas, **lo que realmente te sostiene son las personas que caminan contigo**, esas que te ofrecen un sofá, una sonrisa y un abrazo cuando el resto del mundo se desmorona.

Siempre Madrid

No tiene bordes,
solo un filo que se desplaza,
que corta y remienda.
Aquí la noche es un ensayo de espejos
donde el alba se demora,
tiritando en esquinas
que nunca aprendieron a dormir.
Madrid no es lugar,
es vértigo en perpetuo pulso,
una arteria que traza su mapa
en cada paso que le niegas.
El cielo no la cubre,
solo la observa,
mientras ella se deshace en caminos
que se retuercen
hacia sí mismos.
No hay límite,
porque cada límite que inventa
se quiebra en manos de los que corren,
de los que esperan,
de los que alzan su voz.

¿Cambiarla?
Madrid no cambia,
se fractura, se desborda,
se traga las reglas y escupe luces
que incendian lo imposible.
Madrid es el bostezo del tiempo,
un río seco que nunca deja de moverse.

Se construye para caer,
se cae para volar,
y en su vuelo,
algo nuestro siempre encuentra
una forma nueva de quedarse.

Me planté en la empresa de buceo más grande de Madrid, en Collado Villalba, con el corazón latiendo como si fuera la última jugada. Toqué el timbre y apareció un tipo. No sabía quién era ni me importaba. Lo primero que le solté fue que había dejado mi trabajo de soldador en Sevilla, que tenía el curso de buzo profesional bajo el brazo y que, solo necesitaba una oportunidad. «Mira, si hace falta, trabajo gratis. Solo tienes que dejarme demostrar lo que valgo. Dame una oportunidad».

El tipo me miró como si no supiera si estaba loco o desesperado, o tal vez ambas cosas. Se quedó en silencio por un momento, estudiándome como quien evalúa si un salto al vacío vale la pena. Luego me dijo que no contrataban a nadie gratis y que no había vacantes. Ya me veía afuera, pero entonces, algo en su cara cambió. Se rascó la barba, medio sonriendo, y dijo: «Me gusta tu actitud, chico. Déjame el currículum. Te llamaré».

No era un sí, no era un no. Era algo en medio, **esa especie de limbo donde uno no sabe si ha ganado o está a punto de perderlo todo**. Pero salí de ahí sintiendo que, aunque solo fuera un segundo, había logrado sacudir su indiferencia.

Al día siguiente me presenté en la otra empresa de buceo, pero la energía no era la misma. Ayer había llegado con el pecho lleno de determinación, pero hoy... hoy todo se sentía más pesado. Ni siquiera pude hablar con el jefe; no estaba. Así que le dejé el currículum a una empleada, casi sin levantar la mirada, soltando poco más que una frase que sonaba a trámite.

Luego, volví al refugio que me daba Javi, ese sofá que me recibía cada noche como si me conociera mejor que yo mismo. Y esperé, con ese tipo de espera que no sabe si es fe o resignación.

Pasó una semana, luego dos. El teléfono muerto, y yo con la sensación de estar en pausa. Un día, caminando por el barrio, vi el cartel en la pizzería: «Se necesitan repartidores». No lo pensé mucho. Entré, hablé con el tipo detrás del mostrador y al día siguiente ya estaba subido a una moto, con pizzas a la espalda, repartiendo por Madrid como si ese fuera el plan desde el principio. Pero claro, no lo era. Yo seguía esperando esa maldita llamada del buceo, convencido de que era solo cuestión de tiempo antes de que alguien se diera cuenta del valor que podía aportar.

Pero pasaron las semanas y nada. Ningún buceo, ningún mar, solo más pizzas y esa sensación de *déjà vu* que empezaba a revolverme el estómago. Todo empezaba a olerme a Londres, a esa rutina que me atrapó una vez y que juré no volver a repetir. Sabía exactamente a dónde me llevaba ese camino, y no pensaba recorrerlo otra vez.

Así que lo dejé. Sin muchas palabras, sin muchas excusas. Dejé el trabajo, dejé las pizzas, dejé Madrid. Me subí al coche y tomé rumbo a Sevilla, pensando que, si el trabajo no salía, al menos pasaría las Navidades en casa de mis padres.

CAPÍTULO 9

EL BUZO

El teléfono, inerte como un fósil, daba la impresión de haberme desterrado de su mundo. Pero entonces, me llamaron. Era para una obra de un día en un pantano, cerca de Madrid. Solo un día. La distancia entre Sevilla y Madrid era larga, el dinero para la gasolina escaso, pero me daba igual. Algo en mí sabía que tenía que ir. Fui y lo di todo. Lo di todo como si ese pantano fuera el único lugar en el mundo donde podría respirar. No importaba el agua gris, la humedad pegajosa, el barro que se metía en los huesos. Importaba trabajar. Importaba sentirme útil, mover las manos y que el cuerpo pesara al final del día.

A la semana siguiente, sonó el teléfono otra vez. Esta vez era por un mes, en el norte de España. Enero. Un pantano helado bajo un manto blanco, donde el frío mordía sin tregua. Cualquier novato habría soltado las herramientas, habría renunciado a la niebla que lo cubría todo. Pero para mí, era como caminar en las nubes. Lo estaba consiguiendo. Cada golpe de martillo, cada paso sobre el suelo endurecido por el hielo me decía: **esto es lo que has buscado**. No era solo el trabajo, no era solo el dinero. Era el sentir que algo empezaba a moverse, a crecer bajo mis pies.

TÚNEZ

Al terminar esa obra, llegó otra llamada. Túnez. Tres meses. Una obra que me llevaría al otro lado del Mediterráneo. Nunca había visto el desierto, pero ya me imaginaba las dunas, el sol quemándome la piel, la arena colándose entre las botas. Y aunque todo estaba por venir, sentía que las cosas, finalmente, empezaban a marchar.

Era como si la vida me hubiera abierto una pequeña grieta, y yo, con mis manos temblorosas pero decididas, estuviera entrando en ella. Sabía que detrás de cada llamada había algo más grande esperándome. **Y aunque no conocía el final de la historia, estaba dispuesto a escribirla**. Una obra, una ciudad, un país a la vez.

Pero esa certeza no venía de los contratos o los viajes, no. Venía de algo más profundo, algo que Eduardo Galeano hubiera llamado «la historia pequeña». Porque al final, no era cuestión de un trabajo. Era plantar raíces en la tierra, un rugido al universo de que estoy aquí, en un mundo que intenta desarmarnos como castillos hechos de cartas.

Túnez me acogió como al novato que era. Tenía veintiséis años y poca agua a las espaldas. Era el chico con el libro del curso bajo el brazo, rodeado de veteranos, de esos hombres curtidos por el mar y el tiempo, a los que no se les escapa una sonrisa fácil, y a los que yo, con mi inexperiencia, les resultaba poco más que una anécdota. Dormíamos en un barco que se caía a pedazos, **lleno de cucarachas que parecían más locales que nosotros**. La comida sabía a lo mismo cada día, y después de la primera semana, mi papila gustativa ya no distinguía entre el almuerzo y la cena.

La profundidad a la que trabajaban era de sesenta y siete metros. Cuando bajaban al fondo, el tiempo se convertía en una trampa. Treinta minutos abajo significaban tres horas de descompresión en una campana claustrofóbica. Ahí, encerrado en una burbuja de metal, el tiempo pasaba lento, y el helio en las comunicaciones hacía que las voces sonaran cómicas, aunque no hubiera nada de divertido en la situación.

Después de cada buceo, había que esperar al menos veinticuatro horas para eliminar el nitrógeno que se quedaba atrapado en la sangre. Pero esa vez no había tiempo. Teníamos que hacer un buceo de urgencia, había que hacer una conexión antes de que llegara el temporal que ya rugía en el horizonte. El tiempo se nos venía encima y solo quedaban dos buzos disponibles. Y yo, claro, al que aún no habían dejado estrenarse.

La campana empezó a descender. A los cuatro metros, todo se detuvo. Uno de los buzos no podía compensar de un oído. Lo intentó una y otra vez, pero no hubo manera. Después de un rato de tensión en el que todo el barco parecía contener la respiración, la campana subió de nuevo. No podía bucear y solo quedaba una opción.

«Maxi, vístete a toda leche», me dijeron.

Nunca olvidaré ese momento. El traje de buzo era nuevo, recién estrenado, como si el destino quisiera que mi bautizo en las profundidades llegara justo en el día más complicado. Me metí en la campana con Aris, un tipo al que ya le habían crecido branquias de tanto tiempo bajo el agua. Mi tarea era simple: darle el umbilical, abrir la válvula del aire de reserva en caso de emergencia, y seguir las órdenes que llegaban desde el panel de control. Aris se encargaba de lo demás.

Abajo, en el fondo, el silencio tenía un peso diferente. A pesar del helio que nos hacía hablar como caricaturas, el momento era serio. Sabíamos que el mar no perdona, y las horas de descompresión en la campana nos daban tiempo para sentir cada segundo que pasaba. Aris ejecutó rápido el trabajo, le recogí el umbilical y la campana empezó a subir lentamente. A nueve metros una parada de descompresión y a seis metros otra, donde las olas comenzaron a sacudir el barco. Desde allí abajo, solo podíamos imaginar lo que estaba ocurriendo arriba. Pero cuando salimos, todo eran prisas.

El temporal estaba encima y el mar se volvía una bestia desatada. Las olas, de más de un metro y medio, zarandeaban el barco como si fuera un juguete. De repente, un pequeño barco pesquero apareció en la distancia. Se acercaba a nosotros pidiendo ayuda. Desde la cubierta, lo vimos hundirse lentamente, como si el mar lo reclamara. Los pescadores saltaron al agua. Entre golpes y olas, la mayoría de la tripulación logró subir por la escalera de nuestro barco, pero uno no lo consiguió. Lo vimos desaparecer, ahogarse frente a nuestros ojos.

Su piel oscura, sus manos alzadas luchando contra el agua, se fueron haciendo cada vez más pequeñas, hasta que el mar lo engulló. Fue la primera y la última vez que vi a un hombre morir así, en directo, tan cerca, tan cruel.

Ese día, el mar nos enseñó su verdadera cara. Aprendimos que cuando se pone bravo, no distingue entre novatos o veteranos, ni entre buzos o pescadores.

Tal vez...

Saltó al agua,
sus manos negras se alzaron al cielo,
como ramas que buscan la luz
en un cuenco enorme de sal.
Las olas lo empujaron,
una y otra vez,
y él, en su lucha muda,
nadaba contra el miedo,
contra el frío,
contra la muerte.
Nosotros,
a metros de distancia,
éramos testigos del destino.
Sus brazos se hundieron lentamente,
y su piel oscura,
que brillaba bajo el último rayo de sol,
se desvaneció en el agua gris.
Tal vez tenía un nombre,
uno que nadie gritó.
Tal vez le esperaba un abrazo
al otro lado del puerto,
una boca que le contase su día,
unos ojos que le llenaran de historias.
Tal vez soñaba con risas,
con una voz que tejiera calor
entre las grietas de su pecho vacío.
Tal vez lo esperaba un niño,
que aún no sabía decir «padre»,
pero soñaba con un regreso
dibujado en cada ola.

Tal vez, más allá del puerto,
había una casa sin luz,
una cama que crujía de frío
y un plato vacío que guardaba su sitio.
Tal vez nunca hubo nadie,
solo el hambre que lo empujó al agua,
y un cielo mudo que no quiso mirar.

Tal vez...

El trabajo de buzo no es como el de la mayoría de la gente, con sus horarios marcados y el confort de los fines de semana. No hay domingos ni días de fiesta. Doce horas al día, una tras otra, hasta que la obra se acabe. Si son cuatro meses, pues cuatro meses sin pausa. El tiempo se convierte en un enemigo sin rostro. En el agua, el tiempo se mide por la profundidad: si no es mucha, entre dos y tres horas sumergido, y el resto del día te lo pasas fuera, limpiando equipos, rellenando compresores, engrasando herramientas, asistiendo al compañero que está en el fondo.

Después de unos días a ese ritmo, tu cuerpo se acostumbra. Al principio duele, pero llega un momento en que la fatiga se convierte en parte de ti, **en una segunda piel que ya ni sientes**. En esa época, con veintiséis años, el sueldo de 3.600 euros al mes me parecía una fortuna. Hoy, viéndolo con perspectiva, no parece tanto, considerando las horas, el cansancio y el riesgo que se vive bajo el agua. Pero en ese momento, era como tocar el cielo.

Mis compañeros, aquellos que ya llevaban más años en esto, hablaban de algo llamado el *top-up*: cursos para homologar la titulación en Inglaterra, lo que te abría la puerta para trabajar fuera de España. Los oía hablar de esos planes mientras yo seguía acumulando experiencia en pantanos de España u otros países, sin pensar demasiado en lo que vendría después. Aún no había cruzado esa frontera en mi mente, pero algo empezaba a gestarse.

OTROS PAÍSES

Las oportunidades no tardaron en llegar. Primero fue Argelia, donde el desierto se encuentra con el mar, y en el que pasé tres meses trabajando en una desaladora. Entre tés morunos que cargaban historias en su aroma y una cultura que me parecía más un enigma que un hábito, comencé a forjarme la idea de que otros mundos existían. Eso que dicen de que viajar abre la mente no es solo un cliché; es un desgarro suave, una grieta que deja entrar luces nuevas. **Aprender a ver desde los ojos del otro es aprender a soltar el peso de las propias cadenas**, esas que llevamos sin saberlo.

Luego llegó Georgia. Allí, el invierno no perdona. Pasábamos los días enterrando fibra óptica, trazando líneas de conexión entre paisajes que parecían fuera del tiempo, a unas millas del puerto de Poti. Cada mañana, durante meses, salíamos envueltos en niebla, como entrando en un universo paralelo, donde todo era frío, humedad, y un silencio que mordía.

Pero lo más duro no era, en sí, la helada, sino la gente. Los georgianos llevaban la tristeza en sus gestos, en la forma en que sus ojos evitaban los tuyos demasiado tiempo. Quizá era el frío, **o quizá esa pena antigua que parece haberse anidado en sus huesos**, pero siempre había aguardiente en sus manos, como si el cristal de la botella fuera su única llama. Bebían como quien respira, sin alarde, sin alivio. Era un pueblo que dolía mirar, pero que al mismo tiempo, te envolvía en una melancolía imposible de rechazar.

Dos mundos distintos, dos viajes que no eran destinos, sino puertas. Cada uno, a su manera, me transformó, dejando en mi piel las marcas de lo que vi, lo que entendí, y lo que nunca seré capaz de explicar.

Y también viví en Port-Gentil, Gabón, donde pasé cuatro meses que me cambiaron para siempre. Allí, en la África profunda, todo era distinto. Una empresa francesa había subcontratado a la empresa española para la que estábamos trabajando. Vivíamos en un recinto con bungalós hermosos, rodeados por un paisaje que parecía sacado de otro mundo. Nunca había estado tan lejos, ni en un sitio donde lo raro era ver a un blanco. Y cuando los locales nos veían, sus ojos estaban llenos de desconfianza y odio. No fue hasta que supieron que éramos españoles que todo cambió. Entonces las miradas duras se convirtieron en sonrisas. Lo entendimos más tarde: no éramos franceses.

Los hijos de la Galia estaban allí por el petróleo, por ese oro negro que les quedaba, decían, nueve años de extraer. Todo lo que construían, lo hacían para durar solo ese tiempo. Las carreteras, los hospitales, las escuelas, todo estaba diseñado para ser útil solo durante los años que aún les quedaba de riqueza. Y esas infraestructuras, además, no eran para los locales. Eran para los franceses, para los extranjeros que extraían su tierra, su futuro, sin dejarles nada a cambio, solo alguna propina mal pagada.

Nosotros éramos buzos, no geopolíticos, pero lo que vimos allí nos abrió los ojos. Contábamos con tres trabajadores locales asignados para ayudarnos, hombres fuertes que hacían el trabajo más pesado, como cargar material de un lado para otro. Un día, uno de ellos se hizo una herida profunda en el brazo. No era un corte pequeño, necesitaba al menos catorce puntos. Le dijimos que fuera al hospital de inmediato, pero él negó con la cabeza. «No puedo», dijo. No tenía seguro, no tenía nada.

Hablamos con los encargados franceses. No hicieron nada. Para ellos, ese hombre no era más que una herramienta, prescindible y silenciosa. Nos juntamos los cuatro buzos españoles y entre todos pusimos el dinero para que pudiera ir al hospital a curarse. Lo hizo con recelo, como si no quisiera aceptarlo, como si se sintiera humillado por depender de nuestra caridad. Y ahí lo entendimos. No era solo odio por el color de la piel. Era odio por la historia que llevaban sobre los hombros. La esclavitud no había terminado. No allí. No en tantos otros lugares del mundo donde la opresión se camufla bajo contratos, pero el peso de las cadenas sigue presente.

Gabón fue una lección. Una lección amarga. Aprendí que el trabajo de buzo te lleva a lugares oscuros, no solo en el fondo del mar, **sino en el alma humana**. Mientras nosotros soldábamos anodos en la tabla estaca del puerto, una parte de mí comenzaba a ver con otros ojos el mundo que me rodeaba. El mar, por cruel que fuera, no era lo más peligroso en esos lugares. Lo más cruel era sentir cómo la avaricia arrancaba la esencia, **dejando solo piel sin calor**.

Esos cuatro meses me enseñaron más de lo que jamás aprendí en los libros. Y mientras seguíamos trabajando bajo ese sol abrasador, rodeados de una naturaleza que nunca había visto, empecé a entender que mi trabajo no era solo sumergirme en aguas profundas. Era también una inmersión en la realidad brutal de un mundo que tantas veces nos duele ver. La obra terminó, y el camino de regreso me llamaba, pero algo de mí se quedó allí, en esa tierra que habla en susurros, **en esa gente que deja huellas en la piel del aire.**

Después de muchos trasbordos y horas de vuelo desde Gabón a Madrid, me sentía agotado, pero aliviado. El tren de alta velocidad me llevaba de vuelta a Sevilla, y el paisaje que pasaba por la ventana era una señal de que pronto estaría en casa. Fue entonces cuando llamé a Avelino, un buen amigo buzo con quien siempre compartía las novedades de los viajes. Al otro lado de la línea, su voz sonaba extraña, vacía. Y entonces lo dijo: **Carlos Pol había muerto en el agua**.

Carlos no era solo un nombre en mi libreta de contactos. Era un compañero de agua, de esos con los que compartes horas bajo la superficie, confiando la vida en sus manos mientras el mar se cierne como un depredador silencioso. Buzo experimentado, de los que sabían cómo moverse en las profundidades, pero ni toda la experiencia del mundo lo salvó de la muerte.

Cada año, caían entre cuatro y siete compañeros, hombres que desaparecían en las estadísticas, como si el mar se los tragara no solo en cuerpo, sino también en memoria. Rara vez sus muertes aparecían en los medios. Las llamaban «accidentes de construcción», **como si los buzos no fuéramos más que otro engranaje en una máquina que seguía funcionando sin importar cuántos de nosotros se rompieran**.

Nosotros, los buzos, no estábamos en el régimen del mar. Éramos un colectivo tan pequeño que pasábamos desapercibidos. Nadie, o casi nadie, hablaba de nosotros. Pocos se preocupaban por las vidas que el mar arrancaba cada año. Y aunque había gente en el sindicato que luchaba por darnos voz, éramos invisibles para la mayoría. Solo cuando uno de los nuestros caía, el silencio que nos rodeaba se volvía insoportable.

La muerte de Carlos me sacudió. No solo por la pérdida, sino porque encendió algo en mí. Una urgencia, una necesidad de escapar. España, con sus pantanos peligrosos y sus contratos mal pagados, de pronto se me antojaba pequeña, asfixiante. Necesitaba salir, buscar en otros mares, en otros horizontes. Necesitaba vivir, antes de que el mar decidiera reclamarme a mí también.

Sentado en ese tren, viendo el paisaje pasar, supe que mi vida en España estaba llegando a su fin. **No podía quedarme más tiempo en un país donde nuestra profesión se tragaba hombres sin que nadie lo notara**. Así que después de cinco años trabajando para empresas españolas decidí probar en otros lugares.

A los que respiran bajo el mar

Bajan,
despacio,
como sombras que se disuelven
en la garganta fría del océano.

Nadie les pregunta sus nombres;
sus vidas son un sueño
que se despierta en mareas.

Los buzos no caminan,
flotan entre mundos.
Son dedos invisibles
que reparan lo que nadie ve,
tejedores de la profundidad,
soldados del abismo.

Sus cuerpos,
engranajes de metal y carne,
se mueven en silencio,
porque aquí no hay aplausos,
ni luz,
solo la certeza del peligro
y el rugido mudo del agua.

Algunos nunca vuelven.
El océano no es indulgente,
es una tumba que no se llena,
y cada burbuja que sube
es un adiós que nadie oye.

Y cuando caen,
el mundo no lo sabe.

No hay crónicas para los buzos,
ni velas encendidas en los puertos.

Solo el murmullo de las olas
y un casco vacío
que se hunde lentamente,
como un secreto que jamás será contado.

Ellos son los guardianes de lo oculto,
los que se pierden por reparar lo roto,
los que tocan la oscuridad
y vuelven, si el mar lo permite.

Pero nadie mira.

Nadie recuerda.

Y el agua sigue llamando.

CAPÍTULO 10

SALIENDO DE ESPAÑA

Me había sacado un curso de soldadura subacuática en Dundee, Escocia y otro, el famoso *top-up*, que necesitaba para poder trabajar en el Reino Unido. Ahora solo faltaba encontrar trabajo.

Me pillé un vuelo hasta Holanda. Me alquilé un coche y lo hice mi hogar, mi refugio, y mi cama en las noches para ahorrar algo, estirando hasta el último euro. Con el volante por timón y el mapa por destino, recorrí el país entero, deteniéndome en cada dirección, en cada empresa de buceo profesional que había encontrado y anotado, como un tesoro de posibles futuros.

Me tomó poco, muy poco, darme cuenta de que sin esa convalidación holandesa de buceo, los sueños de encontrar trabajo en ese país se desmoronaban como hojas secas en otoño. Y así volví, sin gloria, a casa de mis padres, con el orgullo plegado en el bolsillo. Les pedí dinero prestado, otra vez. Era un peso extraño, como si cada moneda fuese una parte de mí mismo que iba dejando en el camino.

Volé a Londres, donde Maica, mi prima, seguía viviendo. Y empecé como «buzo» a trabajar limpiando fuentes en la City. No tenía nada de glorioso, nada de buceo verdadero. Me pusieron un traje de neopreno que me hacía sentir parte de algo grande, hasta que el agua en las fuentes apenas me tocaba las rodillas. Yo era buzo de traje seco, de aguas profundas, pero allí estaba, rodeado de transeúntes de corbata y maletín, **sacando hojas y colillas de un estanque de piedra mientras soñaba con océanos**.

Después, por fin, llegó un trabajo. Una empresa escocesa necesitaba a alguien que supiera de soldadura subacuática. Dos meses estuve con ellos, dos meses de aprender a aguantar el frío y a demostrar que mis manos sabían soldar bajo el agua. Fue entonces cuando el supervisor me dijo, entre soldadura y soldadura, que yo era bueno, que lo tenía, pero que allí no habría mucho más para mí, ya que eran raras las obras de soldadura. Debería probar con Ocean Kinetics, me dijo, una empresa en Escocia donde, dicen, no hacen otra cosa que soldar en el agua.

Terminé esa obra y regresé a Londres. Salí a cenar con Maica, nos tomamos unas pintas, y de regreso, entre el sopor de la noche y la chispa de la cerveza, envié el currículum a Ocean Kinetics. Fue un «a ver si cae», un «no tengo nada que perder», un «lo suelto ahí, pero sin mucha fe en que algo pase».

A la mañana siguiente, sonó el teléfono.

Al otro lado de la línea hablaba Michael Fox, como el de *Regreso al Futuro*, el cual se convertiría en mi jefe por los próximos diez años. Pero yo no lo sabía entonces. Apenas entendí lo que me decía porque el escocés es un idioma de tierra y de *whisky*, un idioma que raspa, que no se deja entender fácil. Me ofrecía una semana, solo una semana, para cubrir a un buzo que se iba de vacaciones. **Era un murmullo fugaz, una chispa de esperanza encendida en la vastedad de la penumbra.**

Al día siguiente, ya estaba en un autobús rumbo a Dover, dejando atrás Londres, cargado con mi traje de buceo y con la incertidumbre escondida en el fondo de la mochila. Mi primer trabajo de buzo en el que, por primera vez, tendría una habitación propia en el hotel, cuatro paredes solo para mí, sin los ronquidos de otros compañeros en habitaciones compartidas. Y además, pagaban bien, como si la vida me susurrara que tal vez, solo tal vez, esta vez todo iba a salir bien.

Allí, en Dover, conocí la humildad de quien sabe que aún le falta. Mi soldadura, comparada con la de esos hombres, con sus manos duras y sus ojos de agua y metal, era una soldadura de aprendiz, de quien aún tiene el pulso incierto. En otras empresas era buena, sí; pero allí era solo una promesa. Sin embargo, algo debió de ver en mí Fox, porque cuando el buzo que suplía regresó, el jefe me observó con calma y, como quien ofrece un regalo inesperado, dijo que podía quedarme hasta el final de la obra, si mi horizonte no estaba ya ocupado. ¡Y claro que no lo estaba!

Dos meses y medio. Dos meses y medio de hundirme y emerger, de luchar contra el metal y contra mis dudas, para al final poder regresar a casa y poner en las manos de mis padres esos 5.000 euros que les debía, billete a billete, **como si les devolviera cada pedazo de fe que me prestaron**. Y otros 5.000 ahorrados, como un secreto en el bolsillo, como una pequeña victoria sobre un destino que, hasta entonces, no parecía quererme.

La siguiente obra fue dos meses después, esta vez en Aberdeen. Sentía que por fin estaba encajando en aquella empresa, como una pieza que al fin encuentra su lugar en la maquinaria del mundo. Tenía buenos compañeros, hombres de pocas palabras y manos firmes, con ojos que sabían medir el peso del agua y el silencio de las profundidades.

Por fin estaba en un país donde la seguridad en el agua se tomaba en serio. Aquí, en estas tierras de niebla y mar, donde las olas no perdonan y el viento canta su propia historia, los buzos no éramos un detalle olvidado, una sombra al fondo del océano.

Escocia

El verde gime en las colinas,
un aliento de musgo y siglos
despeina la piedra dormida.
Allá donde la niebla se enrosca,
donde el viento bebe del río,
las voces se enredan en fonemas de tormenta,
chisporrotean en el aire gris,
juegan a ser viento y muralla,
marejada de sonidos indomables
que el oído nunca doma.
Dicen que el lago es un ojo
y que el ojo jamás parpadea.
Que las sombras de antaño
siguen bailando en el brezo,
que el hierro en la piel
aún canta en las piedras.
Y Escocia,
con su puño de agua y frío,
con su pulso de historia enterrada,
con su gaita que no calla
aunque la niebla
la esconda.
Escocia fantasmal, eterna,
que bebe del cobre,
que baila en el mito,
que espera sus dioses,
que aguarda paciente,
como si el mundo aún le debiera un desierto.

Durante esos años invertí tanto en formarme como profesional que mis ahorros eran apenas nietos de lo que ganaba. Los cursos de buceo eran caros, y estaban hechos para que, cada dos o tres años, el dinero se escurriera entre los dedos como arena, forzándome a volver, a pagar por renovar un título que solo las instituciones respetaban. El buceo profesional es una inversión sin fondos.

No solo trabajábamos por todas las costas de Escocia e Inglaterra. Fuimos más lejos, a tierras de otros mares y otras aguas. Hubo una obra de cuatro meses en Suecia, donde el frío parecía venir de lo más hondo del océano, y otras dos obras en Aqaba, Jordania, donde estuve por meses en cada una, respirando un mundo donde el agua era clara como un espejo y el tiempo, en sus burbujas, parecía más lento.

MOMENTOS QUE NO SE OLVIDAN

Aqaba me trae un recuerdo clavado en el alma, como el filo de una verdad que se abre paso. Era 2013, y yo estaba en el *hall* del hotel, único rincón donde el wifi llegaba, como un hilo débil que conectaba mi soledad con el mundo. Y ahí, entre el murmullo de los turistas y el olor del café árabe, llegó ese video a mis ojos, como una revelación. *Earthlings*, se llamaba. Y aunque no lo sabía entonces, ese documental venía a romper mi mundo en pedazos.

Siempre me había creído defensor de los animales, uno de esos que alzaban la voz contra el toreo en España, que decían, indignados, que ningún ser vivo debía sufrir. Era curioso, porque mi hermana Chío llevaba desde los doce o trece años sin comer animales, mucho antes de que la palabra veganismo siquiera existiera en nuestras mesas. Ella, con su corazón de oro, ya era capaz de ver lo que yo ignoraba. La admiraba tanto que ni me cuestionaba cuando se negaba a comer el delicioso jamón curado, aunque me costaba entenderlo; para mí, la carne era solo eso, un bocado inofensivo, un trozo empaquetado en el supermercado. Seguramente porque lo miraba sin ver.

Ese documental, *Earthlings*, era otra cosa. Desnudaba la industria alimentaria como quien levanta una losa pesada, y debajo había horror, mucho horror. Allí, en la pantalla de mi ordenador en el *hall* de un hotel de cuatro estrellas, los animales dejaban de ser meros productos para volverse vidas atrapadas en jaulas de miseria. Vidas donde no hay espacio, ni luz, ni calma, solo dolor constante, desde la separación de crías y madres que lloran con un grito que cualquiera, cualquiera con alma debería escuchar. Crecen en jaulas que los deforman, bajo hormonas que los engordan antes de tiempo, inseminados a la fuerza, para luego ser sacrificados **en rituales que harían vomitar a los verdugos de la Inquisición**.

Algo en mí se quebró en ese hotel, como una grieta en el pecho. Me di cuenta, en un instante doloroso, de que había sido hipócrita, de que nunca había sentido realmente lo que defendía. Había cerrado los ojos a un mundo que gritaba, que me gritaba. Desde entonces, no volví a comer carne. Algo se quebró dentro de mí en ese rincón de Aqaba, entre las olas y la arena, algo que no podría devolver.

El proceso hacia el veganismo no fue inmediato. Durante un tiempo seguí comiendo pescado, aferrado a la última ilusión de que en algún rincón del mundo quedaba una forma de consumir sin dañar. Pero ese último año me enseñó que cada vida importaba, y un día eliminé el pescado, también. Desde entonces, he intentado vivir con esa verdad que me alcanzó, como una chispa en mitad de la noche.

Los años que siguieron fueron un entrenamiento para aprender a no odiar al mundo. Aprender a caminar entre otros que, sin saber, o sin querer saber, alimentan una maquinaria que engulle vida, **que mastica silencios**, que convierte el dolor en el plato de cada día. Aprender a respetar a todos, a entender que cada cual tiene un proceso de asimilación, y sobre todo a **no imponer mi rabia en sus bocados**.

Porque es así: amas a personas que seguirán formando parte de esta cadena, esta rueda de sangre y sombras, y aprendes a vivir con ello, a mirarlos y entender que todos llevamos un camino. Un camino que no siempre es el mismo, un sendero que no todos cruzan al mismo paso. Y el amor, el amor verdadero, te enseña a respetar el tiempo de cada cual, a no arrastrar ni empujar, a confiar en que algún día algo despertará en sus almas, como despertó en la mía.

Y así, imagino que será. Al final de todos esos caminos, estarán ellos, **los que nunca tuvieron voz**, los que sufrieron y murieron sin justicia ni nombre. Estarán ahí, las almas de esos seres peludos, suaves y ásperos, grandes y pequeños, como guardianes silenciosos, esperando. Y en sus ojos habrá perdón, no rencor. **Nos abrazarán como si nunca hubieran sentido miedo,** como si el dolor nunca hubiera existido. Como si supieran, mejor que nosotros, que el perdón es la única victoria posible.

Entre el verdugo y el olvido

No recuerdo mi primer sol.
Nací donde la luz no es más que un murmullo,
donde el aire no cabe entre las sombras.
Me dieron barrotes en lugar de raíces,
tierra ajena en lugar de madre.
El tiempo aquí no camina,
solo pesa,
solo aprieta,
solo gotea lento desde los gritos que nadie escucha.
Mis hermanos caen como hojas sin otoño,
se los lleva la puerta que nunca vuelve.
La misma que un día se abrirá para mí,
y en su bisagra oxidada
cantará mi despedida.
He soñado con campos que no existen,
con un cielo que no huele a azufre,
con pasos que no resuenan tras de mí
como augurios de un final escrito en sangre.
Pero el metal ya ha aprendido mi forma,
las manos que cortan no tiemblan,
y el filo que espera no sabe preguntar.
Aún respiro.
Pero aquí,
la respiración es solo la pausa
entre un verdugo
y el olvido.

Llaman granja a nuestras cárceles,
llaman industria a este infierno,
pero el dolor es el mismo

en cualquier pecho que lo soporte,
en cualquier garganta
donde el grito muere.

Aún respiro.
Y yo,
que nunca conocí la huida,
que nací con la piel escrita en brasa,
que fui barro sin tierra,
agua sin cauce,
aguardo sin nombre
entre el verdugo
y el olvido.

CAPÍTULO 11

UN HOGAR EN MI MENTE

Después de esa obra en Jordania, me fui de vacaciones, dos meses vagando por Colombia y Cuba. Me encantan esos viajes donde uno lleva poco más que una mochila y el tiempo como única brújula. Iba sin planes, sin relojes, **con los bolsillos llenos de libertad**. Pero también tenía un problema: cuando no me gastaba los ahorros en cursos de buceo, me los gastaba en viajes. El dinero se iba como el agua entre las manos, y el tiempo también. Así que, al volver, me hice una promesa: esta vez, iba a ahorrar.

Llevaba trabajando desde los catorce años, fuera del nido desde los diecinueve, laborando aquí y allá, buceando en mares de nombres exóticos, de aguas frías y cálidas, de colores verdes y azules, y también negros en puertos sucios. Y al final de cada aventura, siempre estaba la misma estación final: la casa de mis padres, ese puerto al que uno vuelve cuando todos los faros se apagan. No me malinterpretéis, mis padres son dos seres hermosos que siempre me reciben con un fuerte abrazo y una cama vestida, pero yo tenía ya treinta y tres años y el peso de los regresos comenzaba a ser otro. Sentía que era el momento de anclarme, de construir un hogar, de dejar de volver a la casa de otros para tener, al fin, la mía.

Tenía clarísimo lo que no quería: no quería una hipoteca que durara más que mi propia juventud. No quería venderle mi vida a un banco, hipotecarla hasta los sesenta y siete, atado a un trabajo sin fin como un barco a un ancla oxidada.

En esa época ganaba un buen dinero, así que decidí que compraría un terreno, sin pedir un solo préstamo. Y después me haría mi casa, una casa de contenedores reciclados, un espacio que no necesitara del visto bueno de un banco ni el permiso de un contrato.

Era un plan perfecto, **tan claro que lo podía dibujar en el aire**: trabajar hasta pagar el terreno, levantar mi casa con mis manos, libre de deuda, y después pasar unos años ahorrando, solo los necesarios. A los cuarenta y cinco, como máximo, viviría tranquilo, sin cadenas, y si acaso, encontraría algún *hobby*, algo que me diera lo justo para mantenerme, para jubilarme a mi manera sin haber perdido los mejores años de mi vida entre obligaciones, trabajos indeseados y horarios impuestos.

Soñaba con esa casa, hermosa y libre, sin trampas, sin plazos, solo mi rincón en el mundo, el sitio donde las noches serían mías y los días también. Era mi plan perfecto, y en ese instante, **lo único que me quedaba por hacer era llevarlo al agua y ver si flotaba**.

MI CASA CONTENEDOR

Después de un año ahorrando, al fin pude comprar mi terreno. Lo cerqué, delimitando ese pedazo de mundo que ahora era mío, y me alcanzó para traer unos contenedores marítimos desde el puerto de Algeciras. Cuando los vi allí, plantados sobre la estructura de metal que yo mismo había soldado en ese rincón de tierra, sentí que eran viejos marineros, exhaustos de batallas invisibles. Me pregunté dónde habrían estado, cuántos puertos habrían tocado, cuántas veces habrían resistido las mordidas de la sal y las embestidas de las olas.

Los contenedores marítimos tienen unos años de vida en el mar. Después de cargar sobre sí todo lo imaginable —máquinas, rocas, semillas, sueños en cajas—, después de pasar por tormentas y soles que arden, un día llegan a algún puerto, y allí los dejan, descartados como cascarones de acero que ya no sirven. La mayoría termina en la chatarra, convertidos en piezas desechadas, olvidadas. Pero algunos, los afortunados, encuentran a alguien que los mire como yo los miraba ahora, y les dé una segunda oportunidad.

Me fascinaba esa idea, la de transformar esos colosos de acero en un hogar. ¿Cuántas historias de mar podía contar un contenedor? Quizás habían cruzado océanos que yo nunca vería, tal vez habían sido golpeados por tormentas, acariciados por la luna en noches sin fin. Y ahora, después de todo eso, después de años de ser golpeados por el tiempo y por el agua, estaban allí, listos para convertirse en algo nuevo.

La idea me hacía sonreír. Mi hogar iba a nacer de esos viajeros incansables, de esos cuerpos de acero que habían visto el mundo, que habían sobrevivido a lo peor. Iba a construir un espacio propio con la historia de esos gigantes caídos. Iba a darles un nuevo horizonte.

Mi refugio de metal

Era caja,
era vacío,
un barco varado en la tierra,
pulmón de rutas que ya no respiran.
Le sembré ventanas,
raíces de madera,
y en su costado oxidado
pinté un horizonte inmóvil.
Ahora canta en su crujido,
respira en la luz que lo quiebra.
Es casa,
es barco,
es un sueño detenido
en el puerto del mundo.

LAURA

A Laura la conocí poco después de regresar de mi viaje por Colombia y Cuba. Entró en mi vida sin ruido, sin el dramatismo de un flechazo de película, casi como quien abre la puerta y deja pasar a un amigo más. Fue en el cumpleaños de una amistad en común. Recuerdo que al entrar en aquel piso, ella fue lo primero que vi, una presencia tranquila en medio del bullicio, como una isla en una fiesta que ya prometía desbordarse. La noche se hizo tarde, y al salir a la calle, allí estaba ella, bajo farolas y luces amarillas, caminando junto a nosotros como si siempre hubiera estado allí.

Hablar con ella era como deshacer nudos invisibles, uno tras otro, hasta quedar desnudos de palabras y llenos de ideas. Nos unían las inquietudes políticas, los libros, la necesidad de entender, de cambiar algo. Empezamos a vernos, a quedar para ir al cine, a intercambiar páginas subrayadas y teorías de mundo. Fue tan natural que ni siquiera noté el momento en que la amistad dejó de ser solo eso.

Compartimos siete años juntos, siete años que fueron suaves y llenos de calma. No recuerdo un grito, una palabra áspera, una discusión que nos partiera. Nos movíamos al mismo ritmo, como un río que fluye sin rocas. Y, sin embargo, la relación llegó a su fin. Mis motivos, sus razones; como dos historias que se bifurcan en un punto preciso. Todo depende del prisma desde el que uno mire, **de la luz que da a cada historia su propio reflejo**.

Laura fue, y será siempre, ese faro que apareció una noche en un cumpleaños cualquiera, la presencia que llegó sin aviso y me cambió la mirada del mundo.

Gracias

Llegó con pasos de viento,
silencio que aprendió del bullicio.
Era grieta en la tarde,
isla sin nombre
en un océano de voces fugaces.
Hablaba como quien despeina la niebla,
dejando ideas desnudas
entre manos que tiemblan de entender.
Hablábamos como quien teje canciones,
como quien dibuja en el agua
sabores que el tiempo disuelve.
Nos encontramos en mapas sin nombres,
en páginas dobladas,
en teorías que prometían mundos nuevos.
Pero el río,
por suave que sea,
siempre encuentra el mar.

Y allí,
donde todo parecía eterno,
la corriente nos abrió grietas.
Dos sombras.
Dos luces.
Y un faro distante
que aún ilumina el borde de mis recuerdos.

MISIÓN: SEGUIR AHORRANDO....

Volví a Escocia, otra vez al trabajo, al agua fría y al crujido de las olas en la costa gris. Había que seguir ahorrando. Ya tenía el terreno, ya estaban los contenedores, las vigas sólidas, la carcasa de mi hogar esperándome, como un esqueleto vacío que algún día tendría carne y alma. Pero aún faltaba lo esencial: los materiales, las puertas y ventanas que dejaran entrar la luz, y todo ese intrincado entramado de cables y tubos que se esconden entre el pladur y el metal, como arterias que le darían vida a ese espacio.

Escocia me recibía de nuevo con su viento cortante y su mar de acero. Había en esas aguas un desafío que siempre me llamaba, y ahora, más que nunca, el trabajo tenía un propósito: cada libra que ganara era un ladrillo invisible, un paso hacia ese refugio propio. Trabajaba con la vista en el horizonte, pensando en mi casa futura, en las paredes que levantaría con mis manos, en cada rincón que cobraría vida a mi paso.

Cada inmersión, cada jornada en el mar, era una apuesta que hacía con la paciencia. Porque sabía que un día volvería, **y ese esqueleto de acero que había dejado esperándome sería, al fin, el lugar que siempre soñé**.

Sueños

Los sueños son grietas del tiempo,
vestigios que no llegaron al día,
puertas entreabiertas al nunca
donde el alma respira.

CAPÍTULO 12

Y ENTONCES ALGO PASÓ

Llevaba solo unos meses con Laura. Esa noche estábamos en una fiesta, en casa de unos amigos suyos, un bullicio de risas, copas que chocaban y música que retumbaba en las paredes. Recuerdo las caras de todos, felices, enérgicas, bailando como si la noche dibujara un instante fuera del tiempo. Pero yo no encajaba en esa alegría. Tenía el cuerpo pesado, la cabeza llena de una niebla inexplicable; no estaba bien, aunque no supiera decir por qué. Cuando ellos continuaron la fiesta fuera de la casa, yo me despedí en silencio y me retiré a la morada de mis padres, con un malestar que se pegaba al pecho como una raíz oscura.

A la mañana siguiente, el teléfono sonó. Era Marga, mi amiga del alma. Su voz era apenas un susurro roto, **como si cada palabra le doliera**. Me dio la noticia que nunca había pensado escuchar: Juanfe, mi mejor amigo de la infancia, había desencarnado en el hospital esa madrugada. Un golpe seco en el alma, como si el centro del mundo hubiera perdido su pulso.

Por respeto a su familia, no puedo contar los detalles. Tampoco hace falta. Cualquiera que haya amado sabe que perder a un hijo, perder a un amigo, es un dolor que no cabe en palabras ni en lágrimas. Pero la manera en que se fue Juanfe... eso es algo que quiebra el alma y deja el aire lleno de un silencio aterrador, **de esos que ni los recuerdos pueden llenar sin romperse**.

Juanfe ha sido, y siempre será, la persona más especial que he conocido. No es fácil describir lo que él significaba porque él era más que palabras, más que lo que el mundo suele entender. Era un faro, sí, un faro que no solo daba luz, sino que abrazaba, un ser hecho de sensibilidad, de esas fibras que parecen no caber en el mundo porque son demasiado puras, demasiado profundas. Juanfe veía lo que los ojos comunes no alcanzan; caminaba entre los días con una sabiduría sencilla y sabia, como quien conoce secretos que el resto de nosotros ni soñamos.

A veces, la gente llama «enfermedades mentales» a cosas que no entiende, **a cosas que nos asustan porque no caben en los libros** ni en las miradas que no se atreven a ver más allá. Para mí, lo que digan los expertos o los diagnósticos no cambia nada.

Juanfe no tenía ningún problema mental. Él podía ver más allá, podía tocar con el alma lo que los demás solo miramos de reojo, quizás porque él llevaba el corazón intacto, sin las capas de polvo y miedo que nos apagan a los demás.

Amigo, donde sea que estés, espero que sigas sorprendiendo con esa chispa única, con tus ocurrencias que siempre me dejaban sin palabras y con una sonrisa en el pecho. Quiero imaginar que allí, en ese lugar al que has ido, hay alguien que te ve como yo te vi, alguien que entienda tu magia, tu grandeza, y te mire como al genio que eres. Aquí, tus amigos, tus queridos, todos los que alguna vez tocaste con tu risa y tu bondad, te llevamos dentro. No hay día en que no te extrañemos, en que no pensemos en ti y en el vacío que dejaste, que no se llena, pero se recuerda.

Te quiero, amigo. Volveremos a cabalgar, mi amado Quijote, cuando nuestros caminos vuelvan a cruzarse, allá donde no hay despedidas y donde los juegos son eternos.

Mi amado Quijote

Tú, **que veías donde nadie**,
que escuchabas el silencio del grito,
eras viento, risa, destello,
niño sabio que busca barro.
Te llamaron locura,
porque el mundo pequeño no entiende
el cielo que guardan tus ojos,
ni la música que vibra en tu oído.
Ahora eres brisa, eres eco,
un murmullo en el aire que no desvanece.
Y aquí, en cada rincón del alma,
sigues siendo,
sigues brillando,
mi amigo eterno.
No hay cuerpo,
solo espacio que calla,
vacío que camina
donde solías andar.

Ahora vuelas,
pero no aquí,
no donde alcanzo.
Eres temblor en la niebla,
susurro entre ramas
sin doblar.
Te busco en las risas
que nacen queriendo,
en las calles que nos sabían,
que nos vieron crecer.

Dicen que los que vuelan
nunca se caen,
pero yo sé que el cielo también duele
cuando los que vuelan
no regresan.

Desde lo de Juanfe, Gilena se volvió otro pueblo. Las calles, que antes parecían guardarse un secreto amable entre las esquinas, ya no sonreían como antes. Caminarlas dolía, porque cada rincón estaba lleno de sus risas pasadas, de su sombra ligera, de su andar despreocupado. Gilena se había vuelto un lugar donde las miradas de la gente llevaban, calladamente, el peso de una pérdida que nadie podía poner en palabras.

Después de unas semanas, me fui a Escocia otra vez. No porque quisiera, sino porque el trabajo era una forma de apagar levemente el ruido de los pensamientos, de perderme entre el agua fría y la rutina del esfuerzo.

Mi plan era simple: trabajar sin pensar demasiado, juntar cada libra como si construyera un muro invisible que me protegiera del vacío, ahorrar lo suficiente para comprar los materiales y seguir con mi casa. La casa que sería mi refugio, el espacio propio que soñaba como quien espera una tierra prometida.

Pasaron varios meses en esa especie de vigilia constante, sumergido en el trabajo. Hasta que la obra terminó y algo en mí supo que había llegado el momento. Hablé con mi jefe, con esa calma que solo se siente cuando uno ha tomado una decisión que llevaba tiempo engendrando. Le dije que no iba a trabajar en unos siete u ocho meses, que necesitaba ese tiempo para hacerme mi casa. Era más que construir paredes y techos: era levantar mi propio lugar en el mundo, un refugio hecho a mi medida, un sitio donde el silencio no fuera pesado, **donde el recuerdo de Juanfe pudiera habitar sin doler**.

CAPÍTULO 13

MI HOGAR

Me llevé un colchón y allí me instalé, en medio de ese esqueleto de casa que aún no era hogar, pero que ya me cobijaba de alguna manera. Me despertaba con la luz que filtraba entre los contenedores y, desde que amanecía hasta que el sol se desplomaba, no hacía otra cosa que trabajar, de lunes a domingo, sin días de fiesta.

Cada dos días, me daba un respiro: volvía a casa de mis padres, me duchaba, recogía algo de comida casera que siempre me tenían lista, como quien cuida un rito silencioso de amor y rutina.

El electricista y el fontanero terminaron rápido, en pocas semanas. Luego, la casa se quedó en mis manos, en esas jornadas de trabajo sin pausa donde el sudor y el silencio se mezclaban, y donde cada clavo, cada tabla, cada pedazo de pared levantado era una forma de escapar de los pensamientos. Sin darme cuenta, los meses pasaron. Y la casa, aquella idea que había empezado como un sueño difuminado, ahora tenía paredes, formas, y un rostro casi terminado.

Ese espacio en construcción era mi refugio, un lugar que no me pedía explicaciones, donde trabajar sin descanso era, en el fondo, una manera de seguir, de reconstruir algo dentro de mí mientras los días avanzaban.

MANOPLAS

Parecía un día como cualquier otro. La casa en construcción, el polvo en el aire y el martilleo constante del trabajo. Pero esta vez, el día trajo compañía. De repente, un perro enorme, un mastín flaco pero imponente, se coló en mi parcela como si siempre hubiera sido suyo el lugar. Lo miré con sorpresa y algo de risa.

—¿Quién eres? —le pregunté.

No me respondió, claro, pero me saltó encima, lleno de energía, sus ojos decían todo: quería jugar, quería ser libre. Era un cachorro gigante, con esas patas desgarbadas que aún no entienden bien el tamaño del cuerpo. Pasamos el día juntos; compartimos el bocadillo, nos tumbamos un rato a mirar el horizonte desde el esqueleto de la casa, como si los dos estuviéramos hechos para encontrarnos en esa parcela.

Al caer la tarde, cuando el cielo ya empezaba a oscurecer, me pregunté si ese cachorro tan enorme tenía un hogar. Pregunté en el grupo de la comunidad si alguien lo reconocía. Poco después, un vecino respondió: «Sí, es mío. Perdona, se me ha escapado. Voy para allá a recogerlo».

Poco después, vino el dueño. Al verlo, el perro bajó las orejas y se dejó poner la correa, con esa resignación tranquila de quien sabe que ha de volver.

El vecino se disculpó.

—¡Qué va! —le dije, sonriendo—. Tu perro ha sido una compañía increíble. No me ha molestado en lo más mínimo. Tienes un perro hermoso.

—¿Lo quieres? —me preguntó.

Me quedé sorprendido. Me contó que lo había encontrado hacía unas semanas, abandonado cerca de la carretera, pero que no podía quedarse con él. Dije que sí, sin pensarlo mucho, pero que me diera una semana para hacerle un refugio decente.

No habían pasado ni dos días cuando me llamó. «Si lo quieres, tiene que ser ya», me dijo.

Al parecer, su mujer no soportaba la idea de tener un perro y aquello le iba a costar el matrimonio, o eso me dijo. Le pedí una hora, fui al pueblo, compré un saco de comida, un cubo para el agua, una correa y una cama, y me acerqué a recogerlo. Al verme, el perro saltó de alegría, corrió directo hacia mí, me saludó de pie y me llenó la cara de lametones. Ni siquiera hizo falta la correa.

—¡Vámonos! —le dije, y sin mirar atrás, se fue conmigo, sin despedirse de sus antiguos dueños. «Adiós, Coco», dijeron ellos. Y yo pensé: qué nombre tan feo, no me extraña que no quisiera volver la cabeza. A los dos días, ya tenía un nuevo nombre: Manoplas. Era perfecto para él.

Con el tiempo, entendí por qué la urgencia en dármelo. Manoplas destrozó la cama la primera noche, y cada vez que salía a hacer alguna compra, arrancaba las telas de ocultación de la valla con una dedicación asombrosa. Si dejaba mis chanclas a su alcance, desaparecían como por arte de magia. Era un cachorro y, como todos, exigía paciencia y un amor que aguanta travesuras y no se rinde.

A veces, cuando lo veía dormir o cuando me acompañaba en silencio, pensaba que, de algún modo, él me había elegido a mí. Me preguntaba si, entre los pelos negros y esa energía tan suya, **no había un pedazo del alma de Juanfe**, una chispa de su risa y de su cariño **que volvía en forma de perro para acompañarme**. Porque los años que vendrían serían duros, y en cada uno de esos días, Manoplas fue, sin dudarlo, mi refugio y mi compañero fiel.

Manoplas

Una sombra viva
que respira como la tierra después de la lluvia,
lento,
profundo,
como si supiera algo que el tiempo olvidó.
Negro de universo,
blanco de raíz que roza la escarcha,
caminas en silencio
y el suelo parece agradecerte.
Tus pasos son un tambor pausado,
un compás de calma que enreda al aire.
Tu energía no es viento,
es río ancho,
es ola que se estira hasta tocar la orilla.
Tus ojos,
páramos de sombra y luz,
miran como quien escucha,
como quien carga siglos
en su pecho de noche y algodón.
Eres peso que no aplasta,
marea que abraza,
y en tu respirar lento
esconde el mundo
su deseo de ser suave.
Eres peso que no toca el suelo,
silencio que respira en ciclos olvidados,
la pausa antes del vuelo.

El siguiente escrito lo hice recientemente a Manoplas, no es un poema, es una carta de amor. Una declaración de las mejores intenciones para con mi primer hijo, el cual sobrepasa ya los nueve años y medio de edad, todo un logro para un perro de su tamaño. Manoplas sufre dolores y tiene una espalda dañada que me obliga a tener que ponerle inyecciones cada mes y medio. Soy consciente de que quizás me queden pocos años a su lado, soy consciente de que algún día se irá, aunque también soy consciente de que nunca se irá del todo.

MI BOLA GIGANTE DE PELO NEGRO

A ti, compañero de pasos lentos, negro como la noche que abraza la luna, tan calmo como el río que sabe su destino. Te miro y me miro, y en tus ojos veo el reflejo de los días que no volvemos a vivir, pero también la eternidad de los momentos que guardas con la fidelidad de quien nunca olvida.

Eres grande, pero no por tu peso, sino por la paz que derramas sin pedir nada, por la serenidad que en tu andar se posa como una caricia, suave y constante. Eres mi maestro en este arte de vivir despacio, de saborear cada segundo como si el tiempo no fuera más que una ilusión inventada por los que corren sin saber a dónde.

Te haces mayor, mi amigo, y yo lo siento en cada suspiro tuyo, en cada mirada que me das como si supieras lo que yo no quiero decir. Quedan pocos años, dicen, pero yo no los cuento, porque contigo el reloj se detiene, y la vida se vuelve infinita en la simpleza.

Cuando ya no estés, no faltará tu sombra, porque la habrás dejado en cada rincón de este hogar, en el aire, en el silencio, en los amaneceres que me despertarán recordando que la lección más hermosa es aquella que me diste sin palabras. El amor más puro es como el viento: no lo ves, no lo tocas, pero lo sientes. No pide nada, solo pasa, acariciando la piel y dejando huella en el alma. La lección más hermosa fue esa brisa que trajiste sin hablar, un susurro de lo eterno que, sin querer ser, ya era.

Y así, amigo, en la calma de tus últimos días, sabes que te seguiré hasta donde el corazón me alcance, agradecido por cada paso, por cada suspiro, porque en ti aprendí que ser grande es abrazar la vida con serenidad, sin prisa, sin miedo, y con el amor inmenso de una bola gigante de pelo negro que guarda la paz del mundo.

Hoy, te miro y siento el peso de los años en tus patas, en tu andar pausado. Eres grande, mi mastín, no solo en cuerpo, sino en esa calma infinita que llevas dentro, en esa paz que siembras en cada rincón como si supieras los secretos del tiempo.

Has sido mi refugio en las noches frías, mi compañero de silencios que todo lo entienden. Tu mirada, siempre serena, me dice más que mil palabras susurradas. Y aunque sé que el otoño de tu vida ha llegado, en cada respiro, en cada paso lento, me muestras que el amor no tiene prisa, que la grandeza se encuentra en lo simple, en lo pequeño.

Sabes, mi amigo, que cuando el final llegue, te llevarás una parte de mi alma, pero dejarás tu luz en cada amanecer. No habrá despedida, ni dolor, porque vivirás en cada rincón de mi ser, como ese faro incansable que nunca se apaga. Seguirás siendo el gigante que camina a mi lado, aun cuando ya no estés. Tu huella será eterna, y tu paz el refugio al que siempre volveré.

Y aunque el tiempo pase, tú seguirás aquí, en cada sombra tranquila, en cada tarde calma.

Eres, mi mastín, el susurro de la brisa en la calma de la tarde, el gigante que, con pasos de algodón, apenas roza la tierra, pero deja un eco eterno. Tus huellas no pesan, pero modelan el suelo con la suavidad de quien no teme al tiempo, porque sabe que el amor es un reino sin relojes. En tu mirada habita la paciencia de los siglos, la paz de un guerrero que ha hecho las paces con la vida, dejando que el mundo se mueva a su propio ritmo, sin prisa, sin fin.

Te veo mayor, lo sé, y el peso de los años se recuesta en tu lomo como un viejo abrigo, pero en ti no hay lamento, no hay queja. Solo la paz de quien ha comprendido que la belleza del vivir no está en los días contados, sino en los instantes que se vuelven eternos cuando el corazón late en calma.

Tienes en tus ojos el mar verde, en tu respirar, las montañas serenas. Y yo, que aún me pierdo en el ruido del mundo, te miro y aprendo el arte de ser grande en la humildad de lo cotidiano.

Sé que pronto llegará el día, mi amado compañero, en el que nuestras sombras se separen, en el que el frío de una celda me arrebate los meses que quisiera pasar a tu lado. Me voy, y duele como nunca, pero te pido, desde lo más profundo de mi alma, que me esperes. Estaré encerrado, contando cada latido en soledad, imaginando tus pasos lentos, tu mirada. Seguiré guardando cada beso tuyo, cada gesto, porque en ti he encontrado la versión más pura de lo que somos: gigantes de amor en un mundo pequeño.

CAPÍTULO 14

EL SEPRONA

Era diciembre de 2015, un diciembre duro, marcado por la sombra de la partida de Juanfe, que había cumplido un año de su partida. Creía que lo peor ya había pasado, pero no sabía que ese diciembre traía consigo otra lección, de esas que no se borran y que aún hoy se quedan como una espina clavada, molesta y persistente.

Sin previo aviso, dos agentes del SEPRONA irrumpieron en mi terreno. El SEPRONA, esa fuerza que supuestamente custodia la naturaleza en España, tenía ahora su atención puesta en mí. Pregunté si traían orden judicial. Uno de ellos, el cabo Félix, me miró sin titubear y me soltó que, si no les dejaba entrar, me llevarían detenido. No conocía su nombre entonces, pero con el tiempo sabría mucho más de dicho cabo.

A los años supe que el cabo Félix tenía su propio chalet de hormigón y ladrillo en un terreno tan rústico como lo era el mío, a tan solo nueve kilómetros de donde se encontraba mi hogar. Me enteré de que un policía local lo había denunciado por allanamiento, un caso de abuso de poder, porque al parecer se había metido sin permiso en la propiedad de ese policía, también en zona rústica. Supe de María Serrano, brigada de la Guardia Civil, que había sacado a la luz casos de corrupción en el SEPRONA de Sevilla, y, como en una mala novela de intriga, el nombre del cabo Félix volvía a aparecer.

María Serrano había pagado caro su valor: desplazada, juzgada militarmente, acosada en su propio entorno por sus superiores. La red se extendía más allá del cabo, parecía que sus jefes también estaban implicados, cubriéndose las espaldas en una maraña de corrupción. Aquel diciembre no fue solo una visita inesperada; fue el inicio de una verdad amarga que, hasta el día de hoy, sigue acompañándome, recordándome que, a veces, **la justicia es solo una palabra rota en boca de quienes deberían protegerla**.

Los dejé entrar. En primer lugar, porque desconocía la ley y no sabía que podía negarme sin una orden judicial; en segundo lugar, porque esa amenaza de llevarme detenido no era algo que uno quisiera poner a prueba, y en tercero, porque confiaba en que mi casa, hecha de contenedores marítimos reciclados y sin una sola loza de hormigón, no tenía nada que ocultar. Estaba convencido de que no habría problemas.

Fueron meticulosos. Apuntaron cada detalle en una libreta, tomaron fotos sin pedirme permiso de cada rincón. No dijeron mucho más y, al terminar, se marcharon con esa calma distante, como si hubieran hecho aquello mil veces. Me asomé a la puerta para ver por dónde se iban y, para mi sorpresa, al final de la calle los vi salir por un agujero en la valla que cubría el perímetro de la comunidad. Un hueco que yo nunca había visto. Después, hablando con otros vecinos que también habían sido «visitados», supe que esa entrada improvisada no era nada nuevo. Aquellos agentes tenían su propio acceso al vecindario, una puerta invisible que no pedía permisos y por la que se colaban cuando les parecía.

Esa tarde, mientras el polvo se asentaba y el silencio volvía, me quedó claro que ese agujero no era solo una brecha en la valla.

Era una grieta en la confianza, en la idea de que nuestras vidas, tan simples y tan nuestras, no estaban a salvo de la mirada y el poder **de aquellos que no necesitaban permisos para cruzar nuestras puertas**.

Un vecino, el que me dio a Manoplas, me pasó el número de su abogado, que también llevaba el caso de varios vecinos de la comunidad. Al día siguiente, con el parte del SEPRONA en la mano y fotos de mi hogar aún en construcción, me fui a verlo. Cuando entré en su despacho, le expliqué mi situación: que había invertido todos mis ahorros en esa casa, que era mi única vivienda y que aún faltaban ventanas, el interior por terminar, y que era, en esencia, un proyecto inacabado.

El abogado me escuchó sin interrumpir, revisó las fotos, estudió el parte. Luego me miró, con esa calma de quien ha visto el sistema por dentro y ya no se inmuta ante sus absurdos.

—Termina tu casa por dentro y vete a vivir allí. En cuanto puedas, empadrónate —me dijo con seguridad—. Vamos a demostrar, con un perito arquitecto, que no es una construcción fija. Además, **el artículo 47 de la Constitución española dice que todos tenemos derecho a una vivienda digna**. No te preocupes; lo peor que puede pasar es una multa de algunos miles de euros, pero te quedarás con tu casa. En unos años, habremos ganado.

Parecía tan seguro que sentí un alivio inmediato. Me hizo firmar unos papeles, aquí y allá, y desembolsé algunos cientos de euros para el papeleo inicial. Salí de su despacho con una mezcla de nervios y esperanza, como quien se lanza a un camino incierto con una pequeña brújula que parece fiable.

Hice todo como me había aconsejado: terminé mi casa por dentro, me empadroné y retomé el trabajo en Escocia.

Trabajaba durante los meses de obra y, cada vez que acababa una, volvía a mi casa. Mis padres se quedaban en mi hogar mientras yo estaba fuera, y fue en esos meses que Manoplas aprendió a quererlos tanto. Aquella vida parecía funcionar, un equilibrio frágil, pero propio.

Un día recibí un aviso del Ayuntamiento: querían hacer una visita a mi hogar. Consulté con el abogado, quien me aseguró que no era un problema, **que dejara pasar a los inspectores sin orden judicial**, que eso no afectaría nuestra defensa; en su visión, **todo se resolvería con el perito arquitecto**. Así que, confiando en él, les abrí la puerta.

Y entonces, el golpe llegó. La primera multa por el proceso contencioso con el Ayuntamiento: **116.000 euros**.

Mi abogado me dijo que seguramente era un error, que se habrían equivocado, que aquello no tenía sentido. Pero también se abrió un procedimiento penal, y ahora querían, además, que quitara la casa.

Pasó un año, y luego dos, después tres. La multa crecía cada año, con recargos que parecían cebarse en el peso de la deuda. Mi abogado me llamaba cada cierto tiempo, siempre con una nueva estrategia, o, más bien, la misma. Me decía que se había fijado una fecha para el juicio, y yo le respondía que estaba en Escocia trabajando, que volaría para asistir. Entonces, él me decía que no viniera, que aplazaría el juicio alegando que me encontraba trabajando en el extranjero, de modo que pudiera ganar tiempo. **Esa era su estrategia**, la que había seguido desde el principio: **retrasar, posponer, intentar ganar por prescripción**.

Pasaron los años antes de que me diera cuenta de la verdad. No había ningún perito arquitecto, y nunca lo iba a haber. Era un callejón sin salida, una bola de barro que solo crecía, que arrastraba detrás de mí como un lastre, una carga que se hacía más pesada con cada paso. Había puesto mi confianza en manos que solo habían prolongado una agonía que, con el tiempo, se volvió mi propia sombra, una sombra que no dejaba de oscurecer.

Habían pasado más de cinco años. La multa del ayuntamiento ascendía a **157.000 euros**, el procedimiento penal exigía la demolición de mi casa y otra multa de 2.600 euros. Los números crecían como una ventisca espesa que me robaba el aire. Y, como si el peso de esa deuda interminable no fuera suficiente, mi relación con Laura también se desmoronaba. Aquello que un día nos había unido —las ideas políticas, las ganas de cambiar el mundo— se había ido apagando lentamente. Ya no creía en la política; en lugar de eso, me había sumergido en un laberinto de conspiraciones que, poco a poco, me aislaban del mundo, empujándome hacia el agujero más profundo.

Laura nunca supo sacarme de ahí. Me miraba con una mezcla de tristeza y preocupación, **como quien observa a alguien que está perdiendo la cabeza**. Cada vez que yo le hablaba de una nueva teoría, de una verdad oculta que sentía haber descubierto, ella me miraba como a un enfermo, con la esperanza de que aquello, ese pozo oscuro en el que me sumergía, fuera solo una etapa pasajera. Yo necesitaba que se sumergiera conmigo, que compartiera mis dudas, pero ella solo veía en mí a alguien que amaba y que estaba perdiendo, alguien que ella deseaba, con toda su alma, que volviera a ser el mismo. **Al final, me sentí cada vez más lejos de ella y de todos**. Era como vivir en las antípodas de mis amigos, como habitar un mundo paralelo en el que el aislamiento era la única certeza.

Caí

Me llegó el sol en un sobre,
doblado entre números y amenazas.
Venía firmado por nadie,
sellado con la risa de un traje sin rostro.
Me midieron en cifras,
me pesaron en deudas,
me calcularon en castigos.
Llovieron balas de papel,
y en la plaza sin nombre de los que no importan,
me dejaron desnudo,
con la deuda pegada a los huesos.
Y caí sin ruido, sin testigos, sin más compañía.
Caí sin nombre.

CAPÍTULO 15

LA ANTÁRTIDA

La Antártida no es un lugar, es un estado del alma. **Un silencio blanco que grita lo que no quieres escuchar**. Había llegado allí como un hombre roto, arrastrando las migajas de mi propia historia, con la esperanza de que el frío lograra congelar algo de mi dolor. Pero el hielo no congela; al contrario, desnuda. Bajo ese cielo tan cerca, donde el sol no se ve y las estrellas no se tocan, aprendí que la soledad tampoco tiene esquinas donde esconderse.

El trabajo en la Antártida no ofrecía más que brutalidad. El aire era tan seco que dolía respirarlo, y el frío se colaba por cualquier rendija, recordándote que estabas allí solo de prestado, **que ese continente no era para humanos**.

Me levantaba temprano, me enfundaba en capas de ropa que nunca parecían suficientes y salía al hielo, al agua, al vacío. Cada inmersión era un acto de fe, un pacto con un océano que parecía vivo, respirando bajo su capa de hielo.

Bajo el agua, el mundo era silencio. Los glaciares eran como catedrales antiguas, sus paredes de hielo azul resplandecían en una quietud que resultaba hermosa y aterradora a la vez. **Me preguntaba si ese mar sabía lo que era guardar secretos**. Si podía sentir a las miles de almas que, como yo, se habían arrojado a sus profundidades buscando algo, aunque no supieran qué.

En esos días entendí que no estaba huyendo de nada; estaba huyendo de mí mismo. De las ruinas de una relación que se desmoronaba sin gritos ni drama, solo con la levedad de un hielo que se derrite lento, silencioso, imparable. De un mundo que ya no me daba respuestas, que parecía seguir sin mí. De un futuro que no sabía cómo construir.

La Antártida era hermosa y cruel, **como todo lo que duele**. En cada crujido del hielo bajo mis botas, en cada inmersión en las aguas heladas, sentía que algo en mí se reflejaba. Una fractura que ya no podía esconder.

No sabía que aquel trabajo sería el último, que después de esos meses en el fin del mundo me quedaría frente al abismo, sin fuerzas para retroceder. Pero lo intuía. La Antártida no era solo un lugar; era un espejo. **Y en ese espejo vi mi propio invierno**.

Mi propio invierno

La Antártida,
una hoja sin líneas,
donde el frío escribe
lo que nadie recuerda.
Bajé al agua,
no como quien busca,
sino a disolverme.
El azul me envolvió,
no era color,
era ausencia.
La Antártida no es tierra,
es vértebra del vacío,
un eco blanco que no termina,
un reloj sin manecillas
marcando el frío en mis huesos.
Allí me hundí,
no en el agua,
sino en el peso de su silencio,
un idioma que nadie escucha
pero todos llevan en los huesos.
La Antártida no es un lugar,
es un estado del alma.

CAPÍTULO 16

ME HUNDÍ

Recuerdo perfectamente el día en que me embargaron la cuenta del banco. Había regresado de una obra de cuatro meses en la Antártida, cansado, esperando que, al menos esta vez, las cosas estuvieran en orden. Pero el embargo fue el último golpe, el que me dejó en el suelo. Llamé a mi amiga Marga, mi amiga de todas las vidas, y vino sin pensarlo dos veces. Se ofreció a quedarse, a hacerme compañía, pero yo, tratando de guardar las apariencias, le dije que estaba bien. Solo cuando se fue, cuando el silencio me rodeó, fue que exploté como no lo había hecho en años.

Manoplas y Anónima, mis dos peludos compañeros, fueron los únicos testigos de aquella noche de gritos y llantos, de una soledad que me pesaba en el pecho y que no sabía cómo arrancar. Algo en mí se rompió ese día, como si un dique interno se hubiera desbordado, como si todas las pérdidas y el dolor acumulado hubieran encontrado finalmente una salida. Estaba tocando fondo, y en medio de ese abismo, solo me quedaba la mirada paciente y silenciosa de aquellos dos seres que, sin entender del todo, se acurrucaron a mi lado.

Nada queda

No hay suelo,
solo un caer sin ruido,
un hundirse lento
donde luz no llega.
El aire pesa,
pero no llena.
Es un puño de piedra,
un filo que corta el tiempo
en pedazos de nada.

Decidí dejar el trabajo. Ya no había manera de esquivar la oscuridad que se me había echado encima. Me hundí en una depresión profunda, imposible de disfrazar, aunque lo intentaba con sonrisas falsas para no preocupar a mis padres, con palabras que ocultaban un corazón hecho pedazos. Por dentro, sentía que ya no me quedaban fuerzas.

Fue entonces cuando, casi por azar o destino, encontré videos sobre Ayahuasca, sobre el Bufo Alvarius. No sabía qué era exactamente, pero lo miraba como quien atisba un lugar desconocido, algo que venía de otro mundo, algo que parecía inalcanzable y, al mismo tiempo, necesario. Llegó a mí justo en el momento preciso, porque nada en la vida es casual, **y porque a veces el dolor abre puertas que nunca imaginamos**.

Las casualidades, ahora lo entiendo, son las lecciones pendientes. Si la vida te coloca una y otra vez en el mismo lugar, es porque hay algo que debes aprender, algo que llevas dentro y que necesitas sanar. Si el patrón es el abandono, si la herida es la de no sentirte suficiente, entonces el mundo te mostrará reflejos de eso mismo hasta que aprendas a caminar solo, **hasta que encuentres en ti lo que buscas en otros**. Si en tu vida el patrón es que siempre das con parejas que te tratan mal, entonces el espejo que te muestra el mundo es claro: aún tienes que aprender a quererte. Hasta que no lo hagas, hasta que no encuentres en ti el amor que buscas afuera, todos los que se acerquen serán como reflejos borrosos de esa misma herida, ecos de una carencia que solo tú puedes sanar.

Porque la vida no deja lecciones sin aprender; insiste, una y otra vez, hasta que al fin miras hacia adentro y ves lo que has estado evitando. Y es entonces, solo entonces, cuando los demás te tratarán de otra forma, cuando tu vibración cambiará, y el mundo comenzará a reflejar el amor y el respeto que, ahora sí, has encontrado en ti.

TODO EN LA VIDA, TAMBIÉN LA OSCURIDAD, TIENE UN SENTIDO.

Pero esa comprensión llegó más tarde. En esos días, solo veía sombras, y en medio de esa desesperanza, me atreví a lanzarme a lo desconocido.

Así fue como decidí pasar tres días en ceremonias de medicinas chamánicas, tres días que cambiarían mi forma de mirar el mundo.

Saltar

En la nada,
un susurro,
ni voz ni palabra,
solo un temblor que atraviesa.

No es destino,
es un paso.
Un hilo en la sombra
que, sin saberlo, sigo.

CAPÍTULO 17

EL RENACER

Llegué en mi moto, después de recorrer doscientos cincuenta kilómetros, con el cuerpo cansado y el alma sin saber a dónde iba. Solté las cosas, tomé un respiro y me preparé para la primera ceremonia, la de Ayahuasca. Un brebaje ritual, medicinal, que las tribus amazónicas han usado desde siempre, que guarda en su esencia el misterio de las cosas que sanan y destruyen al mismo tiempo.

A la media hora, comenzaron a aparecer colores y formas que parecían de otra paleta, de otro pintor que no era yo, como si el aire estuviera hecho de algo que solo la Ayahuasca te permite ver. En la sala éramos unas quince almas, y cada uno comenzó su viaje propio, con sus sombras y sus luces. Al rato, empecé a escuchar llantos, gritos, risas; era un murmullo de almas desbordándose, y yo, entre vómitos y susurros, atravesaba una noche que parecía interminable. No lograba entrar en mí mismo, no podía conectar con lo que había venido a buscar. Los sonidos, los lamentos y las risas de los otros se convirtieron en una tortura; me invadió una rabia inexplicable hacia todos en la sala, **hacia cada voz que no me dejaba encontrar la mía**.

A la mañana siguiente, nos reunimos para la integración. Era un espacio donde cada uno podía compartir lo que había experimentado la noche anterior. La chica que había estado al lado mía, una polaca que vivía en Londres, comenzó a hablar. Nos contó que tenía una vida que cualquiera consideraría perfecta: un buen trabajo, una casa, un novio que la amaba, **básicamente todos los ingredientes que uno podría imaginar para la tarta de la felicidad**. Pero no lo era. Arrastraba depresiones desde siempre, y aunque había pasado años en terapia, ni siquiera los psicólogos habían logrado encontrar la raíz de su dolor. Tampoco tratamientos de hipnosis habían logrado abrir aquella puerta sellada. Sin embargo, la noche anterior, había llegado a un rincón oscuro de su memoria, **uno que el olvido había tapado con escombros de tiempo:** su tío, el hermano de su padre, había abusado de ella cuando apenas tenía tres años. La experiencia la había destrozado y liberado al mismo tiempo. Ahora entendía, **y en esa verdad había algo parecido a la paz**.

Otra mujer compartió un recuerdo de su infancia, de cómo su padre la obligaba a cruzar un pasillo oscuro cuando era niña, y cómo aquel miedo se había quedado en su piel como un trauma que la perseguía en cada rincón de su cuerpo. Cuando llegó mi turno, conté cómo el odio se había apoderado de mí durante la ceremonia, sobre todo hacia aquella chica que no paraba de llorar justo al lado mío, la polaca. Pero al escuchar su historia, algo cambió. Sentí su dolor como propio, y entendí que sus lágrimas no habían sido un obstáculo en mi camino, sino su propio proceso de sanación, el cual de algún modo también me pertenecía.

La segunda noche de Ayahuasca fue diferente. La intensidad de las emociones seguía ahí, pero fue más llevadera, como un río que no me arrastraba, aunque tampoco me dejaba avanzar. Pasé por una serie de emociones, todas enigmáticas, todas como metáforas de algo que no alcanzaba a comprender, **como un poema escrito en un lenguaje que aún no conocía**.

Madre planta

Bebí el bosque,
no el agua,
no la tierra,
sino el pulso escondido entre sus venas.
Se abrió un ojo sin párpados,
y el mundo,
que era línea,
se volvió círculo.
Caí dentro de mí,
pero no era yo.
Era raíz,
era sombra,
era un canto que nadie había cantado.
Y al final,
cuando la selva calló,
la pregunta seguía allí,
respirando.

Al tercer día, por la mañana, nos preparamos para una sesión de Kambó, una medicina que dicen que limpia el alma, que resetea cada célula del cuerpo. Para mí, fue como enfrentarme a una tormenta en mar abierto, una de esas de olas de cinco metros, con nada más que una colchoneta de playa para mantenerme a flote. Sentí que cada fibra de mi ser se rompía. Perdí el conocimiento en un calor abrasador, en un lugar que parecía venir de otro cielo. Cuando volví en mí, vomité el litro y medio de agua que había bebido antes de la sesión y quedé exhausto, tumbado bajo el sol, sintiendo cómo poco a poco regresaba una paz extraña, como un susurro que me invitaba a quedarme quieto, a escuchar.

Cada minuto que pasaba, sentía cómo la paz se anclaba en mí, como una semilla nueva que encontraba, al fin, su sitio en la tierra.

Y entonces llegó el postre:

Bufo Alvarius

El **Bufo Alvarius** es el guardián del desierto,
un sapo antiguo que esconde, en su piel, el misterio.
Su secreción es el aliento de un viaje fugaz,
quince minutos hacia lo eterno,
donde el ego se disuelve como niebla bajo el sol,
y uno se encuentra, sin fronteras,
con lo sagrado, con lo inmenso.
Es una chispa de lo infinito,
una puerta abierta al universo interno,
un reflejo de luz en el vasto silencio.

Solo para quien lo busca,
solo bajo manos sabias,
el Bufo ofrece su verdad,
y nos recuerda, por un instante,
que somos más que materia y tiempo.

Nos acercamos a la playa con la chamana. Hacía un día radiante, el sol en lo alto y la arena como un lienzo desierto; el mar, azul y calmo, era como un espejo del cielo. La chamana y sus ayudantes prepararon el espacio: mantas sobre la arena, instrumentos esperando en silencio, la medicina. Todo estaba listo, y sin pensarlo mucho, me ofrecí primero. Respiré hondo, con el corazón latiendo fuerte, y proyecté mi propósito al aire: **quería saber la verdad**.

Inhalé ese vapor de ancestros, ese aliento de otros tiempos. Me recosté, vi algunas formas, colores que danzaban, pero pronto abrí los ojos, como si la puerta a ese mundo se me resistiera. La chamana se acercó, y esta vez la vi distinta, su rostro transformado en el rostro de alguien que ha nacido para hacer lo que hace. Se inclinó y me susurró con una certeza antigua: **«Ríndete. Tienes que rendirte. No te resistas».** Y me ofreció otra toma.

Lo siguiente que recuerdo es vibración, pura vibración, como estar dentro de la turbina de un avión, un sonido que atravesaba cada célula. Salí de mi cuerpo. Me vi desde arriba, flotando, y lo que más me sorprendió fue la ropa, esa ropa simple que me había puesto esa mañana, ahora vacía, recostada en la playa, con lo que parecía mi cuerpo.

La música se volvió visible; vi sus ondas flotando, vibrantes, **como si la misma melodía se desplegara en formas**. Miré al cielo, pero no era cielo: era una geometría infinita, la estructura misma de la realidad, hecha de patrones vivos que se entrelazaban y respiraban.

Y entonces, *él* se acercó. No desde arriba ni desde abajo, no de un lugar específico. Era como si se acercara en estéreo, desde todas las direcciones a la vez. No era un ángel de los que conocemos, no tenía alas ni forma, sino una presencia hecha de puro conocimiento, una verdad desnuda y antigua. Me abrazó, pero no con brazos, sino con una comprensión tan vasta que me envolvió por completo, **me abrazó con la verdad que había venido a buscar**.

Mientras escribo esto, soy consciente de lo absurdo que es tratar de explicarlo. No hay idioma que abarque ese mundo; las palabras, aquí, son un intento inútil de poner límites a lo infinito. En ese abrazo de conocimiento, en esa comprensión pura, me eché a reír, una carcajada que brotó desde el alma. Me confirmaron después de la sesión que fueron cinco minutos, pero allí el tiempo no era nada, solo un chiste cósmico. Me pareció tan absurda la carga de conspiraciones y problemas que llevaba conmigo, tan burdos los problemas judiciales, tan risible ante la inmensidad de lo que estaba viviendo, que no pude parar de reír.

Sin palabras, el ángel —o aquello que me abrazaba— me susurró: «**Ahora que ya lo entiendes, fúndete**».

Entonces, mi cuerpo explotó, o quizás se disolvió. Ya no había entes, ni formas, ni ninguna separación. Yo era el ángel, yo era el cielo, yo era Dios, la hormiga y el elefante, yo era lo eterno. Me convertí en un océano de amor que lo abarcaba todo, absolutamente todo, cambiando de forma a cada instante. Era el grano de arena y el océano entero; era las estrellas, el bosque, el latido de cada ser. En esa vastedad, comprendí que el mal no existía, que el tiempo era solo una ilusión, **que la única verdad era ese mar eterno de amor**.

Abrí poco a poco los ojos. El cielo era otro, el mar era otro, la arena era otra, y yo... **yo también era otro**. La brisa tocaba mi piel como por primera vez, y el mundo entero respiraba un silencio nuevo, un instante suspendido en el que todo, **absolutamente todo**, parecía sagrado. Pero, lentamente, como si el tiempo regresara en oleadas, aquella belleza inmensa comenzó a desvanecerse. Sentí cómo la percepción de mi «yo» volvía, **como quien vuelve a ponerse un traje viejo**. Con esa sensación regresaba también la añoranza, una nostalgia profunda por aquello que había sido y ya no podía retener.

¿Qué había sido eso? ¿Dónde había estado? Las preguntas flotaban, sin respuesta, y solo quedaba esa reverberación de algo que parecía estar en todas partes y en ninguna.

Solo Dios, recordándose a sí mismo

Respiré el sinfín,
y fui fractal,
eco y origen.
El tiempo se derritió,
y las formas se hicieron polvo.

No fui carne,
fui verbo,
una ola que nunca rompe.

En ese lugar sin nombre,
yo era el centro,
el fulgor,
el dios que olvidé ser.

Allí,
yo era el todo que respira,
la chispa que crea,
la nada que lo abarca.

No supe volver,
porque nunca me fui.
Era el centro,
era dios recordándose.

No regresé,
porque nunca partí.

Solo desperté,
donde siempre había estado.

Unas horas después, tomé la moto y emprendí el camino de regreso a Sevilla. El viaje fue una mezcla de silencio y viento, una especie de trance en el que la carretera parecía infinita, como si cada kilómetro no me acercara a ningún destino. Llegué al atardecer, con la energía justa para entrar, abrazar a Manoplas y Anónima, darme una ducha que se llevó el polvo y el cansancio, y dejarme caer en la cama.

Me sentía como si hubiera pasado por una tormenta, por una paliza que iba más allá del cuerpo, y comprendía, de alguna manera, **que aquel golpe no me lo había dado nadie**, sino yo mismo. Era mi propia sombra, mi propia verdad, la que me había llevado hasta ese límite. Sabía que había mucho que procesar, que aquello apenas había sido el comienzo de algo profundo que, aún en su misterio, me dejaba claro que **el verdadero viaje era hacia dentro**.

Dicen que después de un encuentro con el sapo (Bufo Alvarius), su decir vuelve a buscarte, que en sueños o en pleno día, regresa a recordarte algo que, sin saber, **has olvidado**. Mi reencuentro fue al día siguiente. Me levanté temprano, con el aire fresco todavía húmedo de la noche, y salí al paseo de cada mañana con Manoplas y Anónima, mis fieles compañeros de patas y silencio. Caminábamos los mismos caminos de siempre, pero ese día, algo en el aire olía distinto. Era como si el mundo se hubiera lavado el rostro y, por fin, me mirara de frente.

Iba observando a Manoplas, el gigante de corazón puro, cómo movía el culito de un lado a otro, despreocupado, en un vaivén de pura alegría. Y de repente, me detuve. Algo en mí se detuvo. Miré unos arbustos a la izquierda, esos arbustos que habían sido solo arbustos miles de veces, y vi en ellos una belleza que nunca había percibido, como si llevaran siglos esperando que alguien los viera de verdad. Y entonces lo entendí: **no había nada en mi cabeza**. No había ruido, ni listas de cosas por hacer, ni voces que susurran deberes y preocupaciones. Estaba solo el instante, claro, limpio, como el vértigo detenido en el aire.

Ahí, en medio del camino, sentí una alegría que subía desde el suelo, una risa que brotaba sin permiso, porque el peso de las peleas, la denuncia, el abogado, todo eso se había eclipsado, **como la sombra que olvida su forma**. Empecé a llorar de pura felicidad, de alivio, de esa libertad sencilla que siempre había estado allí, oculta tras las capas de pensamientos. Me descalcé, sentí la tierra tibia, viva bajo mis pies, y me detuve en cada cosa pequeña, maravillado, como si el mundo se hubiera abierto en una gran carcajada.

Ese estado me duró una semana. Una semana de belleza absoluta, de pasos ligeros, de un silencio lleno de vida. Y aunque aquella paz se fue desvaneciendo, quedó su estela, su rastro, como un recuerdo que respira en mi pecho. **Ahora sé que el presente es el lugar donde mora la felicidad**, y que aquel paseo fue un recordatorio, un regalo fugaz, de la verdad más simple: **que a veces basta con detenerse y abrir los ojos para que el mundo, en su infinita ternura, se deje ver**.

Tan tontos

Estamos ocupados,
enredados en futuros que nunca llegan,
anclados a pasados que no sueltan,
coleccionando ecos
de lo que ya no dice.

El presente pasa callado,
como un vuelo que no roza el aire,
como una sombra que no toca el suelo.

Esperando en lo pequeño:
en la luz que se posa en la hoja,
en el paso lento de quien ya no corre.

Es el instante eterno
que perdemos cada día
buscando en la distancia
lo que siempre ha estado aquí.

NACE 11 ONZAS

De esa experiencia nació *11 onzas*. Un nombre que no elegí, un nombre que se presentó solo, **como la estrella fugaz que araña la noche**. Fue un parto de lo místico, un susurro que llegó después de mirar cara a cara a Dios, de un encuentro con el universo donde, al fin, me vi reflejado en todo. *11 onzas*, 311 gramos, lo que pesa el corazón humano. Una cifra pequeña, pero enorme, **suficiente para recordarme lo que soy y lo que llevo dentro.**

Después de aquel viaje hacia mí, me compré un ukelele y empecé a tocar. Las canciones surgían despacio, como flores en la grieta. Yo, que había hecho mis primeras maquetas de rap cuando era joven, nunca me había atrevido a tocar un instrumento, y mucho menos a cantar. Pero ahora, con las manos en esas cuerdas, la música se volvió mi brújula. Las palabras salían, **y nacían poemas**. Porque después de ese viaje, entendí que las palabras también son medicina, que la música también sana.

La vida no se volvió de rosas. No es que los problemas se disolvieran como el humo. Seguían ahí, brotando, recordándome que todo lo que duele también enseña. Pero ahora había un mapa, un susurro suave que me decía que **lo material es solo la envoltura**, que los problemas no son castigos, sino maestros disfrazados. Eran lecciones que venían a ensanchar el alma, a enseñarme a agradecer cada respiro, a volverme hacia dentro, donde siempre está la respuesta.

Así nació *11 onzas*, del peso del corazón, de ese amor por lo eterno que nada apaga. Y de esa verdad, sencilla y dura, nació una voz. Una voz que finalmente se atrevía a decir lo que llevaba tanto tiempo queriendo contar.

Fui yo

Un día habló la raíz,
no la flor,
no el fruto.
El canto no vino de fuera,
vino del fondo,
de un lugar sin lámparas
donde las palabras se doblan
como ramas cansadas.
No toqué cuerdas,
ellas tocaron mi quietud,
despertaron lo que dormía,
lo que siempre estuvo,
y me dijeron:
todo lo que pesa, vuela.
Y entonces,
en el vacío,
fui peso,
fui vuelo,
fui yo.

LA ECOALDEA

Me fui a vivir un mes a una ecoaldea al norte de Portugal, perdido entre montañas y riachuelos, un auténtico paraíso terrenal **donde las castañas se recogen del suelo y el amor amanece en el aire**. Allí, el mundo se ralentiza; los días son largos, el tiempo se mide en el crecimiento de las plantas, en la luz que se filtra entre los árboles, en las risas compartidas y los silencios que no pesan.

Cada mañana nos reuníamos en el salón comunitario, un espacio cálido y sencillo, y allí se anunciaban las tareas del día, no como meras obligaciones, sino como grandes oportunidades. Se necesitaban dos voluntarios para cocinar, cuatro para el huerto, uno para vaciar el váter seco, otro para cortar leña, tres para limpiar los caminos, dos para construir la casa de madera. Cada cual elegía lo que le pedía el cuerpo. Solo tres horas. A las 13:00 sonaba el cuerno, un retumbar que significaba el fin de la jornada, el comienzo del almuerzo, y el resto del día a tu disposición.

Nos sentábamos todos juntos alrededor de una mesa enorme. Cada día alguien diferente bendecía la mesa, a su manera: unos regalaban una cita, otros un poema, otros pedían que los acompañáramos cantando un mantra. La mesa se llenaba de sabores, de gratitud, de una paz difícil de explicar, como si el alimento mismo fuera sagrado.

Por las tardes, la vida en la ecoaldea se transformaba en un espacio de aprendizaje. Allí la gente no era gente común, no, eran almas hermosas, seres con ganas de cambiar el mundo, de crear algo mejor, y cada uno traía algo distinto. Había talleres de percusión, de risoterapia, teatro, documentales, clases de yoga, meditación, numerología, talleres para hacer jabones naturales... Cada tarde, el saber se compartía sin prisa, cada quien aportaba algo, y el conocimiento se repartía como el pan de cada día.

Ese mes me reconfiguró. Pensé que aquel lugar sería un refugio perfecto si algún día me tiraban la casa. Entre montañas y riachuelos, entre miradas de gente que cree en la bondad de un mundo nuevo, sentí que había encontrado un sitio donde el corazón podía descansar, donde la vida tenía otro sabor, otro ritmo. Y supe que, de alguna forma, ya era parte de mí.

Eso sí, aclaro que no es un lugar para todos. La ecoaldea tiene sus reglas, y son claras: no se puede fumar, ni siquiera tabaco; el alcohol y cualquier droga están completamente prohibidos, y la dieta es vegana, sin excepción. Nada de productos animales, ni siquiera traídos de afuera. Desde afuera puede parecer radical, casi un retiro forzado de todo lo que damos por normal en la sociedad, pero cuando estás allí, dentro de esa burbuja de paz y sencillez, lo entiendes. Las normas no son restricciones, **sino una invitación a redescubrir la vida en su forma más pura**.

Recuerdo nuestra primera fiesta, una noche donde cada uno elegía una canción, preparando juntos la *playlist* el día anterior, con la misma emoción que se prepara una cena especial. Cuando comenzó la música, me vi bailando como un niño, sin ataduras, sin la necesidad de nada más. La bebida que tenía en la mano era una simple manzanilla, y, sorprendido, me di cuenta de lo bien que uno puede pasarlo sin tomar una sola cerveza.

Allí, en esa fiesta sin más combustible que la alegría y el compañerismo, comprendí lo raro y esencial que es el gozo simple, el que no necesita nada más que buena música, buenas almas y el aire fresco de una noche de montaña.

Mi relación con Laura terminó después de la ecoaldea. Nuestros caminos ya se habían separado hacía tiempo, y ni siquiera el Bufo había logrado acercarlos de nuevo. No puedo sentir otra cosa que gratitud; sé que lo intentó, sé que me quiso mucho, y yo también a ella, pero a veces el amor no es suficiente para sostener los puentes cuando el horizonte de cada uno se vuelve distinto. Ella soñaba con una vida en la ciudad, con el pulso de lo cotidiano, el bullicio de las calles y el latido constante de las luces. Yo, en cambio, me veía cada vez más como un árbol junto a un lago, con raíces profundas y un deseo callado de soledad y silencio.

No fue un final abrupto, sino una despedida silenciosa, como una hoja que cae sin ruido al pie del árbol, un adiós suave que reconoce lo que ha sido y lo que ya no puede ser. Entendí que nuestros caminos eran diferentes, que no había culpables, solo destinos que habían tomado direcciones contrarias. Agradezco cada momento compartido, cada risa y cada silencio, porque en su compañía aprendí también algo de mí mismo.

Y así, como las ramas que crecen en direcciones distintas, ambos seguimos adelante, ella hacia la ciudad y yo, hacia ese rincón tranquilo que había encontrado en mí mismo.

Hasta siempre

Fuiste brisa en campo seco,
luz que asomó entre la niebla,
paso breve, leve huella,
suave sonido en mis desvelos.
Hoy te veo en otra orilla,
como ola, como canto,
y aunque te alejes despacio,
te llevo en silencio.
Gracias por la grieta y el brote,
por el giro y su razón;
Que la senda te intuya
como la sombra al cuerpo que la sostiene.

CAPÍTULO 18

DE VUELTA A LO DENSO

Volví de la ecoaldea y el mundo ya no era el mismo. El segundo encierro había comenzado, el virus extendía su sombra, **y en las ciudades el miedo era el nuevo lenguaje**. Desde los balcones la gente aplaudía a una hora y juzgaba a otra, convirtiendo las ventanas en trincheras y al vecino en enemigo, todo porque se atrevía a desafiar el mandato de quedarse quieto, de respirar más allá de cuatro paredes.

Doy gracias de haber vivido en el campo, en esa paz sin fronteras donde la policía no llegaba y los caminos eran libres. Allí, el encierro era solo una palabra lejana; mis paseos con los perros eran un acto de resistencia suave, **una forma de recordarle a mis pasos que el mundo seguía abierto**, al menos un pedazo.

No sé si el virus fue un plan o solo un invento, si fue creado o si fue una verdad tan torcida como sus mandatos. Solo sé que vi fortunas brotar del miedo, vi mascarillas y vacunas pasar de necesidad a mercancía, vi cómo, a golpe de órdenes, los mismos poderosos se enriquecían a costa de una coreografía global, **como si sus manos invisibles tocaran la misma cuerda en todas partes**.

Lo que antes era un murmullo, una intuición, se me volvió certeza: el mundo, ese mundo de banderas y de fronteras, se mueve a un solo compás, un compás dirigido por unos pocos. Y en ese baile global, en ese mandato que nos alineó a todos, entendí que la libertad, la verdadera, es más frágil de lo que imaginamos.

Pero no voy a hablaros de conspiraciones, no aquí. Ya he terminado un libro para eso, *Donde pesa la duda*, donde pondré cada descubrimiento, cada teoría, cada hilo deshilachado de los misterios que fui recogiendo en mis años de indagación. Ese libro será mi voz para quienes busquen esas respuestas o, quizás, para quienes solo quieran cargar con el peso de la duda. Pero ahora volvamos al encierro.

Ese encierro, tan extraño y mudo, donde las paredes parecían cerrarse un poco más cada día.

El encierro

Hubo un tiempo en que el aire se espesó
y cada puerta se volvió silencio.
Las calles, enmudecidas, guardaban secretos,
y la quietud, que nunca habíamos mirado,
se hizo espejo en cada rincón.
Nos volvimos islas, sombras en pausa,
y en el susurro de lo detenido,
brotaba una verdad sin nombre.
Era la quietud que enseña, el vacío que siembra;
en cada pared, un eco,
en cada eco, una raíz antigua,
y en el espacio callado,
la chispa de algo que, aún sin nacer,
comenzaba a arder.
Y cuando las puertas, al fin, se abrieron,
éramos cenizas que habían aprendido a brillar,
hojas que, al caer, se hicieron raíces,
y en el pecho llevábamos la marca de la noche,
el pulso del mundo renacido,
como si el encierro nos hubiera enseñado,
en su lección sin palabras,
a ser, de una vez y para siempre,
tormenta y calma, oscuridad y amanecer.

La sentencia se hizo firme, se hizo golpe seco, denso, un martillo de acero contra el aire. La jueza, harta de los retrasos que mi abogado hacía a posta, había decidido que mi casa debía caer, que el suelo que me sostenía ya no me pertenecía, y además, que 2.600 euros salieran de mis bolsillos vacíos para sus arcas. Era firme, inapelable, un retumbar que me persiguió incluso en el sueño. Pero no era la única pesadilla. Del otro lado, el Ayuntamiento rugía, exigiendo 154.000 euros, amenazando también con embargar mi terreno.

Me encontré en el centro de una locura que no entendía, como un náufrago en un mar de papeles sellados y palabras irreversibles. Entonces decidí. No iba a obedecer. No iba a moverme al ritmo de su metrónomo. No recogería sus notificaciones, ni leería sus amenazas. Le dije al abogado que me olvidara; y a mis padres que no recogieran ni una carta certificada más a mi nombre.

Desde fuera podría parecer un avestruz que mete la cabeza en la tierra para no enfrentarse a sus peligros. Para mí era una forma de decir... en este punto de mi vida no compro vuestras amenazas y lo que me pidáis es una de esas cosas que no pienso cumplir.

Soy verbo sin conjugar

Yo compré este pedazo de cielo,
este suelo que aún respira entre mis manos,
y con mis dedos, fatigados de silencios,
dibujé una casa de viento y carne.
No robé las estrellas de otros tejados,
no arranqué raíces que no fueran mías.
Aquí planté mis días y mis noches,
y aquí creció mi hogar como un árbol sin culpa.

Pero ahora vienen, con papeles que no entiendo,
con palabras que duelen más que las piedras.
«Destruye tu casa», me ordenan.
«Arranca tus sueños del suelo».

¡No!, les digo, y mi voz se alza
como un río que rompe sus orillas.
No quemaré el fuego que me abriga,
ni derrumbaré el aire que me respira.

Soy hombre, soy tierra, soy mi casa.
Sus leyes no son mi justicia,
ni su balanza pesa el amor que aquí vive.
Yo soy quien dice basta.

Si han de caer las paredes de este mundo,
que caigan las suyas, no las mías.
Mi casa se alza como mi pecho,
y no se arrodilla ante normas disfrazadas de leyes.

CAPÍTULO 19

SIEMPRE SALE EL SOL

Adrienn llegó a mi vida como quien aparece en mitad de un desierto con agua en las manos, una coincidencia tan improbable que solo podía ser obra del destino.

Nació en un pequeño pueblo de Hungría, un lugar donde las calles apenas conocen los pasos y los rostros siempre son los mismos. Un pueblo de poco más de doscientos habitantes, tan diminuto como las alegrías que vestía de niña. El *bullying* que sufrió marcó su vida, convirtiendo su infancia en una soledad forzada y una desconfianza que la acompañaría por muchas lunas. A los veintitrés años, dejó su país natal, como quien se despide de un peso, y se lanzó al mundo. Vivió en Italia por años, también en Malta, y finalmente llegó a Málaga, justo antes de que el confinamiento lo cerrara todo. Una mujer que cargaba con historias de exilio, pero también con una luz que no se daba cuenta de poseer.

Fue en marzo de 2021 cuando nuestros caminos finalmente se cruzaron. Primero fueron unas videollamadas, voces que viajaban por cables invisibles, hasta que un día decidió venir a Sevilla para pasar un fin de semana. Recuerdo perfectamente la certeza que sentí en el primer instante en que la vi: éramos dos piezas que encajaban, no porque fuesen iguales, sino porque cada grieta parecía encontrar su reflejo en el otro.

No os voy a mentir, nuestra relación no ha sido fácil. Pero las mejores relaciones no lo son. Son las que te confrontan, las que te obligan a mirar en el espejo de lo que eres y no de lo que quisieras ser. Con ella he aprendido que mi apego evitativo es un muro que levanto para no enfrentarme a mis emociones más profundas, porque esas emociones duelen. Y ella, con su paciencia y su firmeza, ha sido quien me ha empujado a sumergirme en esas aguas.

Adrienn es como una flor de una fragilidad aparente, pero que esconde en su haber una fuerza insospechada. No se da cuenta de la belleza que aporta al mundo, pero yo la veo, la respiro en cada gesto, en cada mirada. Ella ha sido la luz que me ha guiado en los momentos más oscuros, **la fuerza que me impulsa a seguir cuando siento que el peso del mundo es demasiado**. Y cuando las cosas van bien, es la compañera perfecta para disfrutarlo, para reírnos del tiempo y soñar despiertos.

Y su sonrisa. Esa sonrisa. Es como un amanecer que nunca cansa, **un milagro cotidiano que nunca deja de sorprenderme**. No hay nada en este vasto mundo que pueda compararse a ella. La amo con locura. La amo con gratitud. Y cada día agradezco al universo haber encontrado ese radar que nos unía más allá de la lógica, más allá de la distancia. Porque con ella, la vida es un poema sin fin.

Szeretlek

Llegaste en el viento que no anunció su paso,
como un grito que se rompe en la piedra,
un murmullo que creía perdido.
Tus pasos, águila en un cielo que no comprende,
susurraron lo que el agua calla:
hay quien nace en la herida
y la convierte en flor.
Eras de un país que dolía,
donde las sombras eran largas
y las risas escasas.
Y aun así, trajiste contigo
un farol de sol encendido,
una fuerza que no sabías tuya.
Yo, que aprendí a escapar del espejo,
a huir de las profundidades,
sentí el filo de tu voz,
tu verdad como un hilo
que cosía los retales de mi alma.
No eres frágil, aunque el mundo te llame así.
Eres la lluvia que no pide permiso,
la flor que crece en la grieta,
el verso que nadie sabe pronunciar.
Y tu sonrisa, esa luz desnuda,
es el amanecer que guarda el mundo
cuando todo parece perdido.
Hay amores que desgarran y construyen,
que vuelven los muros de cristal
y las sombras en melodía.

Tú eres eso,
mi desorden perfecto,
mi refugio en el caos.
No supe del aire hasta que nombraste el viento,
ni de la llama hasta que ardí en tu sombra.
No conocí mis pasos hasta que tropecé en los tuyos,
y aun entonces, fuiste tú quien sostuvo mi caída.
Eres la noche que no teme su abismo,
la mirada que escarba en la herida sin pestañear,
la voz que nombra lo que el mundo calla
y el rastro que devuelve la verdad sin máscara.
Haces del silencio una corriente viva,
del temblor, un puente,
del miedo, una vela que ilumina.
Si soy más, es porque en tu reflejo
vi el filo de mi sombra,
y no huiste.
Si soy más, es porque tu luz no solo ciega,
también abre los ojos
a lo que nunca quise ver.
Si soy más,
es porque me dejaste perderme en tus laberintos,
y en cada espejo torcido,
me señalaste con la certeza
de quien ve sin miedo lo que duele.
Si soy más,
es porque la brisa me enseñó a quebrarme,
y tú, a reconstruirme con el polvo de mis ruinas.
Porque las grietas en mis manos
son cicatrices que ahora saben escribir.

Si soy más,
es porque me enseñaste
que la oscuridad no es el final,
sino la tinta con la que la luz
escribe su historia.
Si soy más,
es porque tu voz es un cincel de luz
y esculpió en mi médula
el arte de no huir.
No pido más que seguir aprendiendo
en la escuela de tu latido,
donde la verdad no se esconde
y el amor,
siempre,
es valiente.

EL DISCO

Dentro de mí germinaba un mundo hermoso con canciones de amor y gratitud. Tenía que compartirlo, tenía que contárselo al mundo. Ese mundo que me había golpeado con sus reglas absurdas, sus jueces ciegos y sus deudas infinitas. Era mi grito de resistencia: un disco. Había compuesto algunas canciones que había acariciado con el alma, como un guardián sostiene la llama contra el soplo del caos.

La «suerte», en un giro curioso, me llevó hasta un productor que vivía en Sevilla, un hombre de Huelva al que apenas conocía, aunque compartiéramos el nombre de Maximiano y fuéramos primos. Teníamos en común la sangre, el hilo de hermanos que unía a mi madre con su padre, pero poco más. La infancia había puesto distancia por motivos de edades distintas, y la vida había hecho el resto. Sin embargo, me había dicho mi prima que era un poco conspiranoico, y eso me pareció suficiente para tender un puente. Quizá la rebeldía nos uniría.

Lo llamé. Le conté mi situación, sin ocultar nada: no tenía dinero, el estado me perseguía, **y mi casa era una sentencia en proceso de no cumplir**. Pero también le conté lo esencial: tenía unas canciones, una esperanza que palpitaba, un sueño que no quería morir. Le pedí su estudio de grabación. Solo la voz y el ukelele, le dije. Nada complicado.

Mi primo escuchó en silencio. No recuerdo exactamente sus palabras, pero sí la sensación de que algo se encendió. Quizás fuese en ese rincón invisible donde las almas conspiradoras se reconocen. Quizá no compartíamos historias, pero por un instante compartimos un propósito: desafiar al mundo, **aunque fuera con un acorde**.

Mi primo Maxi es un hombre que vive siempre al filo del tiempo, entre aparatos y cables, mezclando programas de televisión, masterizando discos y enseñando a futuros técnicos de sonido. El tiempo no es algo que le sobre. Además, aunque empatizó con mi historia, ni siquiera había escuchado mi voz. Supongo que para él, hacerme ese favor debía parecer un lastre más en su lista interminable.

Recuerdo la primera tarde que llegué a su estudio casero para grabar. Tenía una cabina de grabación, pero ni siquiera me invitó a entrar. Sacó un micrófono, el más humilde de todos, le dio a grabar y me dijo que cantara mientras tocaba el ukelele. Aún puedo verlo girar la cabeza al escucharme comenzar. Estoy seguro de que no esperaba eso. No porque tenga una gran voz, que no la tengo, sino por algo más profundo. Quizá fue el alma que intenté volcar en cada nota.

Ese momento cambió todo. Poco después me invitó a grabar en la escuela donde daba clases. Lo que empezó como un favor sencillo se convirtió en un compromiso absoluto. Ya no bastaba con la voz y el ukelele; mi primo se sumergió en la producción del disco con una pasión que no había anticipado. Durante un año y medio trabajamos juntos, modelando cada canción, dejando que el amor por la música guiara el proceso.

Así nació *Al respirar*, nuestro primer disco. Un proyecto tejido con paciencia y cariño, que no solo me dio un álbum, sino también a un amigo. Mi primo dejó de ser un extraño compartiendo sangre para convertirse en un cómplice, alguien con quien aprendí que la música, como la vida, es un acto de resistencia y de amor.

Durante la producción del disco, la banda, 11 onzas, empezó a tomar forma. Todo nació casi por casualidad, en la boda de Eligio, un amigo que celebró su día aquí en mi casa. Eligio, baterista de talento indiscutible, yo, y otros amigos, tocamos juntos algunos temas aquella noche. De ese encuentro improvisado surgió la idea: trompeta, contrabajo, guitarra, y ensayos semanales que nos fueron dando cuerpo.

La ilusión crecía. Estábamos preparando el concierto de inauguración del disco, un evento que transmitiríamos en Twitch. Yo lo veía claro: sería un éxito, la música empezaría a sostenernos, a darnos un respiro económico. **Pero la vida siempre da lo que necesitas, no lo que deseas.**

Mi relación con Eligio comenzó a agrietarse. El choque de caracteres se hacía evidente, y la energía entre nosotros se tornaba pesada. Luego llegó el tiempo de Covid, y las fisuras se hicieron grietas irreparables. Yo, con mis dudas sobre las versiones oficiales, me mantenía firme en no someterme a PCRs ni a normas que sentía ajenas. Eligio, como el resto de la banda, tenía sus razones, tan válidas como las mías.

Al final, cada uno tomó su rumbo. Supongo que así tenía que ser. A veces, los sueños también necesitan desprenderse de ciertas ramas para crecer de otra forma. La música seguía siendo mi refugio, pero también un recordatorio: **no todas las notas encajan en la misma melodía.**

Las calles se convirtieron en mi escenario, el aire mi audiencia, y las monedas sueltas el aplauso que, a veces, ni siquiera alcanzaba para la gasolina de regreso. Ahí, entre las esquinas indiferentes y las miradas fugaces, pulsaba mi ukelele como un corazón que no se rinde, una nota que busca colarse en la sinfonía del mundo.

Eran días de forjar un sueño, de cincelar acordes entre las horas largas. El disco avanzaba poco a poco, mientras intentaba abrirme camino **en un mundo que parecía saturado de voces y vacío de oídos**. Instagram, con toda su vorágine, se había convertido en una herramienta esencial, aunque no dejaba de ser un espacio ajeno a mi naturaleza.

Pasaba muchas horas al día trabajando en esta plataforma, intentando que mi música encontrara un lugar entre el bullicio digital. Era un esfuerzo agotador, pero también necesario. A pesar de mi resistencia a este mundo de algoritmos y pantallas, descubrí algo inesperado: conexiones reales. Entre tantos perfiles y mensajes efímeros, conocí a seres que, con el tiempo, se convirtieron en amigos de verdad, compañeros que ahora forman parte de mi camino. Como por ejemplo Rosa Ayuso, preciosa alma que conocí a través de Instagram y que hoy tengo el honor de que me haya hecho el prólogo de este libro.

Tal vez no fuera la forma en que había soñado dar a conocer mi música, pero entendí que las herramientas pueden ser imperfectas y, aun así, abrir puertas. Y en medio del ruido, encontré razones para seguir adelante.

El disco, mi ópera prima, se había terminado. Una obra que llevaba mi alma impresa en cada acorde, en cada verso. Con toda la fuerza de un sueño intacto, mandé hacer mil copias, convencido de que mil oídos las abrazarían. Pero los números nunca entienden de ilusiones: al día de hoy, ni un tercio ha encontrado un hogar.

Y sin embargo, no puedo mirar atrás sin una sonrisa. En aquellos días, el positivismo absurdo era mi bandera, un estandarte que no conocía techo. Creía que el mundo podía cambiar con una canción, que las noches frías en las calles se calentarían con acordes, y que cada disco vendido sería una chispa que encendería hogueras en los corazones.

Quizá no vendí muchos discos, pero aprendí a escuchar el murmullo de mi música en el vacío, a valorar el susurro de una nota que vuela sin esperar aplausos. **Porque a veces, los sueños no se miden en éxitos; se miden en el coraje de haberlos soñado**.

Busking

Yo soy el que canta donde nadie escucha,
el que arrastra sus notas por el polvo
mientras la ciudad, con pies de prisa,
pasa sin mirar mis manos abiertas.

Tengo cuatro cuerdas que saben de hambre,
y una voz que se quiebra como el hielo fino.
Las monedas caen tímidas, frías,
y a veces no caen, pero yo sigo.

Los rostros pasan, grises y ausentes,
ojos de vidrio que no ven mi alma.
Ellos corren, ellos compran,
y yo les regalo lo único que tengo:
una canción pequeña, un puñado de amor.

A veces, alguien se detiene,
un niño que ríe, una anciana que llora.
Y en esos ojos que por fin se abren,
mi música se hace hogar,
mi pobreza se hace río que alimenta.

No busco oro, no busco aplausos.
Ansío que un alma, siquiera una,
robe mi canto como grano furtivo,
y lo haga brotar en arenas calladas
donde el tiempo sepulta memorias.

Yo sé que soy un loco en este mundo,
un soñador perdido entre autómatas,
pero mis notas aún son alas,
y mis cuerdas aún vibran con el sol.

Soy el cantor de un perro sin dueño,
el que danza en la orilla de la indiferencia.
No ansío tesoros, ni ecos cautivos,
tan solo aguardo que un pecho dormido
abra sus ojos, y en su latido,
mi existencia encuentre luz.

CAPÍTULO 20

¿CÓMO HE LLEGADO HASTA AQUÍ? (RETORNO AL PRINCIPIO)

Retomamos al principio, me habían echado dos policías tocando en las calles en Nerja, un acto que pesaba tanto como el equipo que cargaba al hombro camino de la furgoneta. Entre cada paso, una pregunta latía con fuerza: ¿Cómo he llegado hasta aquí? Y fue ahí, en ese instante, donde nació la idea de hacer el documental, de contar mi historia. Una historia que no buscaba redención, sino comprensión, tanto para mí como para el mundo que me había moldeado y creado.

Cuando llegué a la furgoneta, decidimos empezar por el norte.

Nuestra primera parada fue Segovia. Llegamos al anochecer, y bajo la sombra imponente del acueducto, ofrecí mi voz al aire frío de la ciudad. Esa noche vendí dos discos, y tres almas desconocidas se sentaron a escucharme. Fue un gran inicio, un contraste abrumador con la mañana amarga que habíamos dejado atrás.

Nuestra rutina tomó forma rápidamente. Adrienn teletrabajaba desde las ocho hasta el mediodía en la furgoneta, mientras yo salía a las calles a las nueve y media. Montaba el equipo y tocaba hasta las dos de la tarde. Luego volvíamos a la furgoneta para comer juntos, y por las tardes salía otras dos o tres horas a tocar, mientras ella paseaba por las ciudades.

Había días buenos, muy buenos, donde no importaba el dinero, sino la conexión. Días en los que sentía que la gente realmente escuchaba, que valoraban lo que estaba compartiendo. Otros días eran infiernos: expulsado tres veces en una sola mañana, a veces por policías, otras por dueños de locales. No era el rechazo lo que dolía, sino la agresividad de quienes no se molestaban en hablar, sino en amenazar desde el primer momento. La calle es dura, muy dura, pero a veces recompensaba con momentos mágicos: un niño que desobedecía a sus padres para ponerse frente a mí a bailar, o alguien que se detenía simplemente a sentir.

Había días en los que apenas ganaba lo justo para comer, y otros en los que conseguía lo suficiente para un camping, una ducha caliente y hasta cenar en un bar. Con el tiempo, aprendí a moverme. Las ciudades grandes eran frías, saturadas de músicos, y siempre había prisa. Los pueblos pequeños, en cambio, eran cálidos. La sorpresa de encontrar a un músico en sus calles jugaba a mi favor, y aunque el dinero no siempre abundaba, no faltaban vecinos que se detenían a aplaudir o a preguntar de dónde venía, y ese calor humano no tenía precio.

También estaban los días de lluvia, que nos obligaban a quedarnos en la furgoneta. Esos días los aprovechaba para avanzar con mi primer poemario *La caída del párpado*, dejando que las palabras tomaran forma mientras el mundo afuera seguía su curso.

Tocar en la calle es algo de otro mundo, completamente impredecible. La magia de la calle radica en su capacidad de torcerse en un instante o de elevarte hasta el cielo. Es una lucha constante, aunque a veces no sabes si la pelea es con los demás o contigo mismo. Es el niño interior que busca ser reconocido, el perro ansioso que anhela una caricia, la vulnerabilidad transformada en una armadura de cartón. Tocar en la calle es, sobre todo, descubrirse. Es quitarse las vendas, mirar el miedo de frente y aprender a confiar, aunque duela.

Tocar para nadie

Toco y el asfalto bosteza,
las monedas caen en la caja del silencio,
y el mundo sigue caminando
con los oídos cerrados en su propio ruido.
Las notas tropiezan contra los escaparates,
resbalan por los hombros encorvados,
se estrellan contra el cristal de los semáforos
y mueren antes de nacer.
La calle mastica mi música,
la escupe en charcos sucios,
la pisa con suelas que nunca se detienen.
Los pasos gotean sobre el asfalto,
las bocas se tragan su propia voz,
los ojos patinan en mi sombra
como agujas sin hilo.
Yo sigo tocando,
porque si detengo mis manos,
el día muere más rápido.
Porque tocar es sembrar en el aire,
es escribir en el agua,
es arrojar un grito
a la boca hambrienta del tiempo
y esperar,
aunque nadie escuche,
aunque nadie entienda,
aunque el viento, traidor y fiel,
se lleve mis notas
a oídos que aún no han nacido.

Llevábamos días malos, muy malos. No solo económicamente, sino que me sentía más ignorado que nunca. La furgoneta comenzó a botar en la carretera, y cuando paramos en el taller, el diagnóstico fue claro: las ruedas estaban cuarteadas y estaban deformadas, había que cambiarlas todas. Cuatro ruedas, seiscientos euros. Un dinero que no tenía y que tocar en la calle no me había dado en semanas, ni siquiera para acercarme a esa cifra. Adrienn, con la generosidad que la define, me dejó el dinero, y juntos decidimos regresar a Sevilla.

Había vendido un total de siete discos en el mes que llevábamos fuera, y mi moral estaba por los suelos. El anhelo de vivir de la música era un susurro etéreo, **una escalera inútil que se apoyaba en el horizonte**. Como una estrella esquiva, su luz seducía, pero cada paso hacia ella convertía el camino en un laberinto de eternidad.

VUELTA A SEVILLA

Lo mejor de volver a Sevilla fue el abrazo invisible del tiempo. No fue la Giralda ni el Guadalquivir lo que primero nos dio la bienvenida, sino dos pares de ojos que hablaban sin palabras: Manoplas y Anónima. Sus colas eran metrónomo y bandera, acompasadas con la alegría de vernos. Habían ganado unos kilos, kilos de amor y sobrealimentación, porque mi padre, su abuelo, había convertido nuestra ausencia en mimos desbordados y cuencos rebosantes.

Anónima no siempre tuvo un hogar. Nos la encontramos por primera vez al borde de la autovía, una figura temblorosa entre el polvo y el olvido. Mi padre y yo, en un día cualquiera que se tornó memorable, la vimos desde el auto. Su miedo era una puerta, pero nuestra insistencia, una llave. Nos costó un poco que subiera al coche, su desconfianza era vieja y profunda, pero no podíamos dejarla allí, un fragmento de vida al filo de la nada.

Manoplas la recibió con un olfato atento, como quien lee en el viento antiguos mensajes, descifrando en el aire, en los aromas profundos, toda esa ciencia secreta que solo los perros entienden. Al día siguiente, la llevé al guardián de su salud, ese que habla con cuerpos y no con nombres. No tenía chip, no traía dueño, era un verso suelto, un libro sin firma, una vida anónima buscando abrigo. Pero en mi casa halló su patria, en mi alma y en Manoplas, un refugio. Anónima dejó de ser sombra y en su nuevo nombre se escribió hogar. Junto al chamán de mis días, se hizo compañera de caminos y silencios.

Intentamos con otros nombres, pero pronto me di cuenta que no quería nombre alguno, ella hacía lo que quería, como buena rebelde, así que se quedó con ese nombre. Anónima me enseña lo que es la libertad, esa que no tiene fronteras ni dueños. No responde a nombres, porque no los necesita, ni a normas que no sean las del viento o su instinto. Va por la vida con la certeza de quien no pide permiso, y todo en ella es un acto de ser, simple y pleno.

Hace lo que le place, duerme cuando quiere, corre cuando el cuerpo se lo pide, y mira el mundo sin la culpa que cargamos los humanos. A su lado, cada día entiendo un poco más que la verdadera libertad no se grita, no se exige, no se impone: **simplemente se vive**. Y en ese vivir, Anónima es mi maestra.

Anónima

No tiene nombre porque no lo quiere,
porque los nombres pesan, atan,
se graban en el aire como grilletes invisibles.
Anónima corre donde el viento se pliega,
ladra solo cuando el silencio lo merece,
muerde las sombras,
persigue caminos que nadie dibujó.
Nació sin dueño y sin prisa,
no hay voz que la llame
ni mano que la mande.
Cuando mira, mira de frente,
cuando parte, no mira atrás.
Las jaulas la sueñan
pero no la encierran.
Las leyes la ignoran
pero no la rigen.
Anónima es su propio mapa,
su propio pacto con la tierra.
No sigue rastro,
no deja huella.
Si un día no vuelve,
no es que se haya perdido:
es que la libertad
no responde cuando la llaman.

CÓMO CONOCÍ A LALITA

Una chica me había escrito por Instagram, sus palabras eran notas dispersas que flotaban hasta mis manos. Me dijo que le había gustado mi música, que ella era pianista.

—¡Qué guay! —le dije—. ¿Y de dónde eres?

—De Cuba —me respondió, y su voz pareció llenarse de olas y palmeras invisibles.

Le conté que había viajado por Cuba hacía años, que el tiempo allí se había convertido en un lienzo lleno de colores que no podía olvidar. Me dijo que ya no vivía allí, que su presente estaba en Europa.

—¿Y en qué país? —le pregunté, intrigado.

—En el sur de España —dijo.

—¡Ala, igual que yo! Yo estoy en Sevilla —respondí, con la sorpresa bailándome en los labios.

—¡Ostras, yo también! En Dos Hermanas.

No me lo creía. Vivíamos en el mismo pueblo, y apenas nos separaban nueve kilómetros. La casualidad era una cuerda que comenzaba a tensarse con música. La invité ese mismo día, junto con su compañero de piso, a venir a casa.

—Aquí tengo un teclado —le dije— podemos tocar algo juntos.

Cuando llegaron, las cervezas rompieron el hielo antes de que las notas lo hicieran. Y antes de que tocara nada, ya sabía que la quería en la banda. Luego, cuando nuestras melodías se entrelazaron, todo encajó a la perfección. Así conocí a Lalita.

Comenzamos a irnos a tocar a la calle juntos, convirtiendo las aceras en escenarios y los días en partituras improvisadas. En dos meses, con Tato y Daniel —dos músicos de mucha calidad y experiencia—, pusimos fecha para presentar el disco y dar nuestro primer concierto como 11 Onzas.

Había alquilado una sala, y la energía en el aire era palpable. Mi positivismo absurdo me susurraba que sería un éxito, que este sería el primero de muchos conciertos.

EL ARRESTO

Faltaban tres días para el gran estreno. Hoy ensayábamos en casa con la banda, así que me acerqué por la mañana con la moto a comprar algunas cervezas y un picoteo, **porque nunca hay que dejar que falte nada cuando la música está en juego**.

De camino a Los Palacios me encontré con un control rutinario en la carretera. El agente revisó los documentos y desapareció hacia su coche, como quien se lleva una parte de tu historia para leerla en secreto. Regresó con una noticia que tenía el peso de un piano cayendo: estaba en búsqueda y captura, me dijo, por una notificación judicial perdida en el tiempo y relacionada con un terreno. Su voz era amable, casi de disculpa, como si comprendiera que la vida a veces nos pone notas discordantes sin previo aviso.

El hombre, muy amable, me preguntó qué había pasado. Le conté por encima que me había comprado un terreno, construido una casa con contenedores, recibido una multa de 116.000 euros, y los procesos judiciales que había enfrentado. Empatizó conmigo y le pareció una barbaridad la multa, aunque me explicó que aun así tenía que acompañarlos.

—Mira —me dijo—, en principio tendrías que dejar aquí la moto y venir con nosotros en el coche, pero se te ve buen chaval y no quiero que dejes aquí la moto en medio de la nada. Ve delante de nosotros hasta el cuartel de Los Palacios con la moto, nosotros te seguimos, y así puedes aparcarla allí, que estará más segura.

Y eso hicimos. Al llegar al cuartel, entregó mis datos y me deseó suerte antes de marcharse. En el cuartel, sin embargo, la situación fue distinta. Me explicaron que por protocolo tenían que esposarme y requisarme las pertenencias. Antes de hacerlo, me permitieron hacer una llamada con el móvil. Pregunté qué iba a pasar, y me dijeron que todo se debía a que no habían logrado entregarme una notificación del juzgado. En cuanto me llevaran al juzgado de Utrera y el juez me diera la notificación, me soltarían.

Llamé a Adri y le conté lo que estaba pasando. Le dije que en un rato volvería a casa, que no se preocupara, que me confiscarían el móvil pero que todo estaba bien. También le pedí que si los chicos llamaban, les dijera que seguíamos con el ensayo a las 19:00 h.

Esto pasó a las 12 de la mañana. Me quitaron la mochila y el móvil y me metieron en un cuarto con cuatro sillas de plástico como las de las salas de espera de un hospital. Me pusieron unas esposas, **sujetando mi mano derecha a una gavilla que salía de la pared**. Pasaron las horas, y sin móvil no sabía qué hora era, pero imaginé que eran sobre las 14:00 o las 15:00. Llamé a un agente —después me enteré que era un teniente— y le dije que no había desayunado y tenía hambre. Me respondió que luego comería.

La impotencia y el hambre me hicieron sollozar en lágrimas. Un agente que pasaba se paró en seco, me miró y, en lugar de consolarme o preguntar si estaba bien, me miró desafiante y dijo:

—¡Tu cara me suena! Yo te he visto ya por aquí.

Sus palabras me llenaron de rabia.

—¡Yo no he estado en un sitio así en mi vida! —le contesté. Y se fue sin decir nada.

Horas después escuché a una nueva pareja de agentes preguntando qué hacían conmigo. Pegué un grito, y se acercaron. Les pregunté qué estaba pasando. Me dijeron que ya no me podían llevar al juzgado porque era tarde, así que me llevarían a dormir al calabozo y mañana me llevarían a recoger la notificación. Indignado, les pedí que me dejaran llamar a mi novia para explicarle lo que estaba pasando, ya que no cumplían lo que me habían dicho. Pero me lo negaron.

Me llevaron esposado al coche para trasladarme al calabozo. Durante el trayecto, mis lágrimas se deslizaban de impotencia. Los agentes no solo no empatizaron, sino que comenzaron a hablar de fútbol, totalmente indiferentes a mi situación. Comentaban sobre Isco, el jugador del Sevilla, y eso me dejó impactado.

Isco, el famoso futbolista, había estado en mi casa hacía unas semanas. Resulta que mi amigo Jesús tiene una empresa de cuidados animales, donde pasea perros. Trabaja paseando los perros de Isco desde hace más de un año, y el caso es que tenían que salir una semana y necesitaban dejar a Miel, su perrita, y a Truman, su tortuga, en buenas manos. Mi amigo le dijo que no podía darle el servicio, pero que tenía un amigo que vivía en el campo, que amaba a los animales y que ponía la mano en el fuego por mí. Así que Isco, personalmente, estuvo en mi casa para traerme a su perrita y la tortuga.

Imaginad detener la conversación en el coche para contarles a los agentes que Isco estuvo en mi casa hace dos semanas. Me habrían tomado por un loco. No dije nada, pero la estela de aquella «casualidad» me hizo sentir un extraño alivio. Como si el universo, en su intrincada sinfonía, me estuviera diciendo que todo esto tenía un sentido.

No hay casualidades, pensé. Solo hilos invisibles que conectan momentos, personas, y lugares. Caminos que se abren ante nosotros, aunque a veces no sepamos hacia dónde conducen. Todo, incluso el dolor y la espera, forma parte de una melodía mayor. Y yo, con cada paso, **seguía tocando mi parte en este inmenso concierto**.

No hay casualidades, dicen las voces del viento, ni en los pasos que damos, ni en los tropiezos que hieren. El hilo invisible del tiempo cose con paciencia las cicatrices que creemos insalvables, y nos entrega un tapiz que solo se comprende cuando la vista se alza y el alma respira. Cada dolor lleva un mensaje, cada sombra guarda una luz que no entendemos al principio. **El suelo que se quiebra bajo nuestros pies es la misma tierra que germina los frutos que un día nos alimentarán**. La piedra que nos hiere la frente es también la base del puente que cruzaremos. El azar no juega en esta danza de destinos; el universo no lanza dados, ni la marea empuja las olas sin sentido. Cada encuentro, cada pérdida, cada silencio que nos ahoga, es una nota en la sinfonía de nuestra existencia.

Pregúntate, cuando el dolor se vuelva insoportable: «¿Qué debo aprender de este fuego que me consume?». El fuego no solo destruye, forja metales, purifica almas, y abre caminos donde antes solo había maleza. El río que parece arrastrarte sin compasión lleva en su corriente **las semillas de tu próximo bosque**. No hay casualidades en los ojos que se cruzan, ni en los adioses que creemos finales. Todo encuentro lleva consigo un gramo de eternidad, una llave para una puerta que únicamente el tiempo sabrá abrir. Incluso la soledad, ese abismo que nos aterra, **es el vientre oscuro donde se gesta la sabiduría**. Las estrellas que miras en la noche parecen dispersas, al azar, pero si unes sus puntos con paciencia, revelarán constelaciones, mapas celestes que te guiarán en los días más oscuros. Así también ocurre con tu vida: no hay punto perdido, no hay trazo en vano.

Cuando el alma duele, es el corazón quien aprende a latir con más fuerza. Cuando el camino se cierra, se abren senderos que nunca habrías imaginado. Cuando la noche parece eterna, el amanecer trabaja en silencio, **preparando colores que no habías visto jamás**.

No temas al caos, pues el caos es solo el preludio del orden que está por venir. No huyas del dolor, pues en él hay lecciones que el gozo nunca podrá enseñarte. Abraza los días grises, los caminos rotos, las preguntas sin respuesta; son ellos quienes cincelan el alma y la preparan para recibir lo sublime. No hay casualidades, solo manos invisibles tejiendo los hilos de nuestra historia. Y cada hilo, aunque tenso, aunque roto, forma parte de un diseño mágico que solo veremos al final, **cuando entendamos que todo lo que somos es también todo lo que debimos ser**.

No hay azar

No caen hojas sin pacto,
ni el viento sopla sin firmar.
El boceto del mundo murmura verdades
que los ojos ignoran,
pero el alma siempre escucha.
Cada grieta abre una herida donde la tierra respira.
Cada lágrima que cae cava un pozo donde el silencio bebe.
Lo que duele hoy
escribe el verso que sanará mañana.
No hay azar,
solo trazos secretos de un pincel
que nunca tiembla.
Cada herida guarda un puerto,
cada lágrima,
un barco que nunca deja de partir.

En el calabozo, la realidad se desnudó de toda fantasía. Llegué a las ocho de la tarde, según me dijo el agente que me recibió. Le comuniqué que no había comido en todo el día y que, por favor, me trajera un bocadillo. De las cuatro opciones elegí tortilla. Mi dieta es vegana, pero en ese momento los principios eran un lujo que no podía permitirme. Huevos, pensé, para salir del paso y engañar al estómago, siendo consciente que pedirles seitán con pimientos rojos o unas setas con ajo y perejil habría sido un no rotundo en ese lugar.

La celda era una postal de pesadilla. Las cárceles españolas tienen buena fama, pero los calabozos son otro cantar, cosa que descubrí *in situ*. Siete metros cuadrados con dos camas de ladrillos alicatadas, coronadas por colchonetas de plástico frío que prometían un descanso sintético y una comodidad inexistente. En el rincón, un váter de suelo que era una ventana al infierno: un agujero que dejaba entrever la fosa séptica, una galería de horrores donde se acostaban los restos de todos los días pasados. Encima del váter, una ducha que apenas merecía el nombre, con un botón que daba cinco segundos de agua helada. Sin toallas, sin calefacción, sin cepillo de dientes, solo el acompañamiento incesante de un hedor insoportable, mosquitos y bichos que parecían inquilinos permanentes.

Me acurruqué en esa cama de plástico con la manta que me dieron y dejé caer las lágrimas que me quedaban en ese horrible día. Fue un llanto sin reservas, como si el dolor necesitara salir de una vez, purgarse. Al cabo de un rato, llegó el bocadillo de tortilla, mi única comida del día, y lo devoré con el hambre que no pregunta.

No pegué ojo en toda la noche. Lo único positivo —si es que puede llamarse así— es que, a cierta hora de la madrugada, dejé de notar el hedor. El olfato, en su afán de protegerme, apagó el sentido para regalarme un respiro.

Por la mañana temprano, el amanecer no llegó con pájaros ni luces tímidas, sino con un altavoz que vomitaba el himno de España a toda potencia. Parecía sacado de un manual de tortura de la CIA. Todavía no entiendo qué querían conseguir con esa banda sonora en un lugar que ya era una ruina para el espíritu. Poco después, trajeron una tostada y agua. Me ofrecieron café, pero nunca me ha gustado.

Tras ese simulacro de desayuno, me llevaron al juzgado de Utrera. Sin embargo, la secretaria del juez no estaba disponible y me dejaron allí entre rejas otras dos o tres horas, en un cuarto helado con un asiento de piedra que mordía los huesos. Cuando al fin me llamaron, me llevaron ante la secretaria, quien me entregó la notificación y ordenó que me quitaran las esposas, los agentes me devolvieron mi mochila requisada y adiós.

Encendí el móvil y llamé a Adri. Mi niña es muy lista, y a las horas de detenerme y ver que se hacía tarde y no llegaba, llamó al cuartel de la Guardia Civil. Allí le comunicaron que esa noche dormiría en el calabozo. No perdió tiempo: llamó a los chicos para cancelar el ensayo y siguió las instrucciones de que, si llamaban mis padres, se inventara cualquier cosa para no preocuparlos. En su voz, aunque calmada, podía percibir la tensión de quien pelea por mantener la calma mientras todo arde alrededor. Adri siempre ha sido mi ancla, y esa noche no fue la excepción.

Nadie me llevaba de vuelta a Los Palacios, donde había sido detenido y donde me esperaba mi moto. A los agentes les importaba poco o nada que mi moto estuviera a catorce kilómetros de allí. Caminé hasta la estación de autobuses de Utrera y esperé otra hora, acompañado por la amarga digestión de todo lo vivido.

La jaula para humanos

Fui sombra cerrada en la jaula del tiempo,
paredes de uñas, suelos de gritos,
el aire pesado, como un dios caído,
atado a mis pasos, a mis huesos rotos.
La noche sin nombre mordía mi pecho,
y las estrellas,
simples luces enterradas en mugre,
escupían descaradas a la cara de magia.

Quise volar, pero mis alas eran charcos,
y mis manos, cenizas de un sueño.
Allí perdí el día y el alba,
y encontré, en la grieta del muro,
mi libertad dormida,
esperando despertar.

EL CONCIERTO

Dos días después de esa horrible experiencia, guardé todo el ruido que arrastraba, saqué mi mejor sonrisa y me fui a mi concierto de estreno. Fue un concierto muy especial. Recitaron poesía y vino una chica llamada Ana, a quien conocí a través de Instagram y que acabaría siendo una gran amiga. Ana tiene una asociación en Cádiz llamada Boqueworld, en la que ayudan a familias inmigrantes necesitadas. Montó su *stand*, contó su proyecto, y vendió todas las macetas que trajo, cuyo dinero iría destinado a esas familias.

Después de ella, salí al escenario con mariposas en el estómago y mucho calor en cada célula. Me lo pase súper bien. Había contratado técnicos de luces y cámaras para grabar el evento. Sonó genial y, en general, creo que fue un gran concierto.

El chasco llegó al echar las cuentas. La sala tenía un aforo de 400 personas y asistieron solo 67. De ellos, solo tres eran desconocidos; el resto eran amigos y familiares.

Al pagar a los músicos, al técnico de luces, la sala y los cámaras, quedé a deber 470 euros, que tuve que sacar de mi escaso bolsillo. El concierto fue una bofetada de realidad. En las redes sociales, muchos habían prometido que no se lo perderían, pero se lo perdieron. Incluso no faltaron algunos por Instagram que me pidieron que les regalara una entrada, como si yo fuera Beyoncé y pudiera permitirme ir regalando entradas a diestro y siniestro. Si no hubiese sido por la presencia de tantos amigos, habría sido un auténtico fracaso.

Esto me llevó a una pregunta que no dejaba de rondarme: ¿qué hacer cuando el corazón te pide seguir pero los números te dicen que pares? La gente dice que mover el corazón de una sola persona ya lo hace todo valioso. Quizá sea cierto, pero muchas veces quienes dicen eso tienen un suelo firme bajo los pies.

Cuando te lanza al vacío la pasión por crear, también necesitas saber si puedes sostenerte, si el sueño se puede construir sin tambalearse.

Desde que dejé mi trabajo de buzo, me dediqué en cuerpo y alma a la música. Hice un disco, le puse hasta la última gota de mi ser a este proyecto. Pero el arte, por más puro que sea, no se defiende solo. Sin recursos, con la cuenta del banco embargada, y con una multa de 148.000 euros, todo parece una partida de ajedrez donde el contrincante siempre tiene las piezas blancas. Te preguntas si seguir es coraje o terquedad. Si es mejor adaptarte o resistir.

A veces no es suficiente el corazón. A veces, el mundo te pide cuentas y lo valiente es mirar la realidad de frente. Ahí estaba yo, con más de 750 discos sin vender en cajas que cogían polvo, sin un manager que creyera en mi música, sin un padrino que me ayudara a llegar a fin de mes. Perseguir un sueño es hermoso, pero también agotador. **Y hay que aprender a distinguir entre el sueño que te impulsa y el que te arrastra**.

Tal vez la respuesta no esté en dejar de soñar, sino en aprender cómo sueñas. En buscar formas de transformar el esfuerzo en algo que también te alimente el cuerpo, no solo el alma. Porque la música, como la vida, no es solo para cuatro gatos; **es para quienes encuentran cómo seguir adelante sin dejarse ahogar por el peso de sus propios sueños.**

Fuego y migajas

El sol lame las ventanas
pero no entra,
pero no calienta,
pero no paga.
El alma canta,
la tierra ruge,
y entre ambos, el cuerpo tiembla.
Una mano toca las estrellas,
la otra busca el pan que falta.
El pincel quiere danzar en el lienzo,
pero el eco del estómago vacío apaga colores,
silencia notas,
rompe versos que no llegan a nacer.
El fuego arde en el pecho,
pero quema las horas,
horas que el mundo pesa en monedas y no en sueños.

¿Volar o comer?
¿Crear o sobrevivir?
El alma insiste: «¡Hazlo!»,
pero la tierra reclama: «¡Vive!».
Y en esa lucha,
el artista sangra sin saber si el sacrificio es un precio o una condena.
Los sueños se anclan como hierros callados,
y el corazón golpea, en su lenguaje de sombras,
puertas que el mundo no sabe abrir.
La libertad cuesta caro,
pero el silencio duele más.

Así,
entre versos rotos y pan escaso,
el artista sigue,
sin renunciar al sueño,
pero dejando, en cada paso,
un pedazo de su propia luz.

CAPÍTULO 21

NORMAS DISFRAZADAS

La notificación decía lo siguiente: Como no he pagado los 2.600 euros correspondientes al procedimiento penal, **me amenazan con 8 meses de cárcel**. También me recordaban que no he quitado la casa, y que se me acaba el plazo para hacerlo.

Pero lejos de impulsarme a ponerme las pilas e intentar pagar, esto reforzó mi convicción de no cumplir absolutamente nada de lo que me pedían. En lugar de doblegarme, sentí una chispa que encendió algo más grande: la determinación de contar mi historia. Ese momento me dio fuerzas para seguir trabajando en el documental que llevaba tiempo desarrollando. Tenía que narrar lo que había vivido, poner mi verdad en el centro y compartirla con el mundo.

En el siguiente año seguí trabajando en nuevas canciones, editando videoclips, terminando mi primer poemario y moviéndome en las redes sociales para dar a conocer mi proyecto. **Pero, sobre todo, me centré en el documental**. Sin presupuesto era difícil de abarcar, pero no imposible. La clave era ponerle todas mis ganas y la pasión que me había sostenido hasta ahora.

El documental no tenía guion, porque no lo necesitaba. Solo tenía que hacer memoria y contar lo que me había pasado, sin más director que mi instinto. Cada fragmento de mi historia era una pieza en bruto que debía pulir con sinceridad, dejando que el caos y la belleza de la realidad hablaran por sí mismos. Sabía que no sería fácil, pero también sabía que era necesario.

Así, mientras componía y creaba, mientras luchaba contra la adversidad de un sistema que buscaba ahogarme, también iba construyendo mi refugio en la narración de mi propia verdad. Porque a veces, cuando todo parece perdido, lo único que queda es contar, con la esperanza de que alguien, en algún lugar, escuche.

En marzo de 2024 recibí una carta de la OPAEF. No tenía suficiente con las amenazas de cárcel por el procedimiento penal, que ahora llegaban también de la Diputación de Sevilla y el Ayuntamiento de Dos Hermanas. Me freían con sus amenazas, exigían que les dijera el orden de embargo. No les bastó con embargarme la cuenta bancaria hace años, ahora querían todo: el coche, la moto, el terreno... Todo.

Pero claro, todo se podía evitar si les pagaba los 154.000 euros que, según ellos, les debía. Muy amables, me facilitaban hasta un número de cuenta.

¡Menudos sinvergüenzas! El Estado me quería hundido en la miseria, literalmente. Un monstruo vestido de leyes, de sellos y de amenazas que no entiende de corazones ni de sueños.

«Dame tu vida —susurra el papel impreso—. Dame tus noches, tus fuerzas, tu dignidad». Pero yo me niego. Porque no se les paga con dinero, se les paga con sangre, y mi sangre no les pertenece.

Hacía años, un vecino de la comunidad pasó por algo similar. Amenazas de embargo, multas absurdas. El hombre se agobió tanto que un día la presión se convirtió en una soga al cuello y una silla volcada. Así acabaron sus penas, sobre un humilde porche de una casa prefabricada.

El silencio que dejó era un grito que nadie quiso escuchar. ¿Sabéis lo que hizo el Ayuntamiento y el juez? Podrían haber seguido acosando a su familia, exigiendo que pagaran la deuda que, según ellos, les correspondía. Pero no lo hicieron. El Estado no es tonto. Saben que seguir molestando podría salir en los medios, podría perjudicarles. Entonces callaron. Dejaron a la familia en paz, no por compasión, sino por conveniencia.

Me da asco este Estado opresor y corrupto. Un gigante que se alimenta de pequeños, que exprime hasta la última gota de tus sueños para que ellos vivan en sus lujos.

En este país, en cualquier país, parece que todo tiene precio, la justicia también. Porque la justicia no es ciega, está vendada. No para ser imparcial, **sino para no ver el hambre que siembra**.

La justicia camina con vendas de oro, no por ceguera, sino por contrato. Escribe sus leyes en cenizas y firma con la sangre de los pequeños.

El Estado es un reloj sin manecillas, **un engranaje que devora tiempo y escupe vidas**. Sus esbirros visten corazas vacías, miradas que un día fueron ríos y ahora son piedras, incompatibles al fluir.

¿Dónde escondieron su corazón? **Quizá en la caja fuerte donde guardan los sueños de quienes aplastan.**

No hay balanza, solo guillotinas. No hay vestigios, solo gritos muriendo en el papel sellado. El peso del mazo no es justicia, es la caída de un mundo que nunca tuvo cimientos.

Ellos no lloran, porque el alma que tenían fue vendida al mejor postor. Ahora son sombras de metal, máquinas que no tiemblan, que no dudan, que no sienten.

La justicia no es ciega; es un titiritero. Y sus hilos nos atan mientras el Estado baila, cínico y sordo, sobre nuestras ruinas.

Las manos que tiemblan

Hay un engranaje herrumbroso,
un engrudo de leyes pegajosas
que chasquea sobre la carne tibia
de los que pisan el polvo.

Arriba, los mandíbulas de cromo
muerden relojes, tiemblan en banquetes de ruina.
El cristal de sus copas rezuma azufre,
sus trajes, almidón de mentiras.

Aquí abajo, el óxido mastica la esperanza.
La garganta es un sifón seco,
el aire, un zumbido eléctrico de órdenes.
Las botas, suelas de hierro:
piedras sobre espaldas dobladas.

Pero el hollín escribe versos invisibles
en la costra del mundo,
y cada grieta en la maquinaria sucia
es un bostezo de luz que amenaza.
¿Quién desenhebrará este cuero áspero,
esta cáscara que asfixia y oprime?
¿Quién romperá el circuito siniestro
de tronos que sangran privilegios?

Hay un motor escondido,
un latido de trueno que fermenta.
Y aunque las llaves se oxiden,
el cerrojo temblará al fin.

Ellos beben en copas altas,
y el peso de su festín
hace crujir el espinazo del mundo.
Pero abajo, en la entraña de lo callado,
hay un murmullo que crece,
un rugido que aún no ha nacido,
un árbol que espera romper la piedra.

La esclavitud se viste de ley,
el látigo de tinta y cifras.
Pero la memoria, aunque dormida,
se enciende en las manos que tiemblan,
en los ojos que aún se atreven a mirar.

CAPÍTULO 22

LEY NATURAL

El documental estaba acabado. Los últimos dos meses fueron un torbellino sin horas ni fines de semana. Desde que recibí la amenaza de embargo de la OPAEF, supe que todo se complicaría, y entendí que ya no era una simple historia, sino una guerra. Y en esa guerra, el documental era mi única defensa.

Lo envié a festivales de documentales, cada uno cargado de la esperanza escrita que se pone en una botella lanzada al mar. Pero la marea no traía respuestas. Cuatro negativas, siempre educadas: «No entra en nuestro perfil», decían. Otras, simplemente, nunca respondieron. Hablé con productoras, como quien golpea puertas esperando que alguna se abra. Nada. **El documental no interesaba a nadie**.

La suerte estaba echada. Lo colgaría en YouTube, esa tierra estéril donde las palabras germinan solo para morir al alba. Imaginaba que con suerte alcanzaría dos o tres mil visitas. Pero no fue así.

De repente, los números comenzaron a subir. Primero lentamente, como un arroyo que se va alimentando de riachuelos, hasta que se convirtió en un río. Los comentarios crecían, se multiplicaban, cada uno cargado de empatía, de rabia compartida, de ganas de ayudar. La gente empezó a ofrecerse, a tender manos invisibles a través de las pantallas.

En ese apogeo de solidaridad, creció también una chispa de esperanza. Pensé que quizás, solo quizás, algún manager se fijaría en mi proyecto, que el compás de mi música renacería, y las quimeras que tambaleaban plantarían sus cimientos en roca firme. Pero la vida tiene su propia canción.

La vida no te da lo que quieres, te da lo que necesitas. Y así, en medio de ese torrente de apoyo, descubrí la ley natural. No era el éxito lo que buscaba, sino la conexión. No eran los grandes escenarios, sino las pequeñas manos que se unían para sostenerme. El documental no fue un escudo. Fue un espejo, y en él se reflejó no solo mi historia, sino las historias de tantos otros.

Y así, mientras las visualizaciones seguían subiendo y los hermanos crecían, entendí que a veces, la victoria no está en ganar la guerra, sino en no dejar que la guerra te robe el alma.

DERECHO INALIENABLE

Y entonces descubrí la ley natural. Kalinga vio mi documental y me tendió la mano, después vinieron más, Alejandro Angélica, Juan Vivo, Daniel Fibla, manos que no solo ofrecían ayuda, sino también conocimiento. Me invitó a su mundo, me abrió las puertas de su curso, y lo hizo sin pedirme nada a cambio.

El documental me trajo otra cosa. Lo que yo creía que sería un paso hacia la reactivación de mi música, a través de algún manager o padrino, se transformó en algo completamente distinto: **un viaje al corazón de la ley natural.**

Esa ley, me explicó Kalinga, está por encima de cualquier gobierno, de cualquier institución. No se escribe en papeles sellados ni se defiende con túnicas en una corte. Es una ley que nos pertenece a todos y que, sin embargo, hemos olvidado. Su curso no era una lección en sentido estricto, sino un acto de desvelar. Me quitó el velo de la esclavitud encubierta en la que había estado sometido, esa que llevamos tan hondo que ni siquiera somos conscientes.

Cada día de aprendizaje era como abrir una ventana tras otra en una casa que creía conocer, pero que resultó ser mucho más grande, mucho más luminosa. Kalinga hablaba de libertad, pero no la libertad que nos venden en *slogans* o discursos. Hablaba de una libertad que empieza con la mente **y que solo se logra si primero aceptas las cadenas que llevas**.

En las selvas, en los desiertos, en las montañas olvidadas, las tribus se organizan sin relojes que marquen sus pasos ni muros que cercen sus cielos. No conocen leyes escritas, ni presidentes que hablen de poder, ni policías que patrullen con botas ruidosas. Sus tierras no se especulan; no se venden ni se compran, porque la tierra no es de ellos, ellos son de la tierra. Allí, en ese mundo donde el aire es más libre que el vuelo de los pájaros, el respeto no se impone, se gana. Los ancianos, los guardianes del tiempo, no mandan, guían. Son las raíces del árbol, las historias vivas que enseñan sin necesidad de levantar la voz.

No hay monedas que midan la vida ni jubilaciones que se trabajen hasta el último aliento. En estas comunidades, la vejez es sagrada, y los niños son la semilla que se cuida con mimo. Como quien protege el fuego en una noche helada, las tribus cuidan de sus extremos: los que empiezan a andar y los que caminan lento. No necesitan jueces ni fiscales. El daño se siente en el corazón de todos, y entre todos se sana. La ley no está escrita, no se archiva; vive en cada gesto, en cada mirada. **Es la ley natural, esa que no precisa decretos porque la sentimos en los huesos: el bien común, el respeto a lo que somos, la armonía con lo que nos rodea.**

Mientras tanto, lejos de las tribus, en las ciudades donde las luces nunca se apagan, nació un contrato que nadie firmó. Hobbes,

Locke, Rousseau, soñaron con un pacto que sellara la paz entre los hombres. Pero el sueño de los filósofos se convirtió en una apuesta de carreras, en un acuerdo que no vimos pero que rige nuestras vidas. Nos dijeron que para escapar del caos debíamos ceder, entregar un pedazo de nuestra libertad a cambio de seguridad. Y así nació el contrato social, un pacto fantasma que con el tiempo se llenó de palabras, de normas, de estatutos que no comprendemos pero obedecemos.

Las leyes se multiplicaron como raíces que se enredan, construyendo muros, dividiendo el aire, marcando los pasos de nuestras vidas. Con el tiempo, ese entramado se alzó en la figura del Estado, un coloso de rostro de piedra y corazón de papel, **que prometió orden, pero que nunca te dijo que era a cambio de cadenas**. Y nosotros, que nunca vimos ese contrato, lo aceptamos cada día, con cada impuesto, con cada trámite, con cada multa que paga nuestra libertad a plazos.

Las fronteras nacieron como cicatrices, las constituciones como espejos rotos que reflejan un ideal lejano. Y detrás de esas banderas, los Estados, en realidad, funcionan como empresas. Cada país es una mercancía, una firma registrada en un comercio que no entiende de gente, solo de números. Sus verdaderas leyes no están en las escuelas ni en los himnos; son las del comercio, las del mar, las que tratan a las naciones como barcos que entregan cargas en un puerto lejano.

Y nosotros, al nacer, somos parte de esa carga. Somos mercancía. Nos pesan, nos miden, y en un registro escriben nuestro nombre como quien entrega un fardo al guardián del almacén. Sin saberlo, entregamos a nuestros hijos al Estado, que se convierte en su custodio, su dueño disfrazado de protector.

Olvidamos que alguna vez no hubo contratos, que no existían leyes que dictaran cómo amar, cómo trabajar, cómo vivir. Olvidamos que alguna vez fuimos libres, que el único pacto que regía era con la tierra, con el agua, con el cielo. Ahora, vivimos entre decretos, creyendo que el orden es libertad, mientras las murallas invisibles se alzan un poco más cada día. Pero el eco de esa ley natural, la que nunca cambia, sigue resonando, **recordándonos que la verdadera justicia no se dicta, se siente**.

Aprendí que la ley natural no pide permiso, no necesita intermediarios. Es un pulso, un ritmo que ha estado ahí desde siempre, esperando a ser escuchado. Y mientras más entendía, más claro veía que mi música, mis sueños, mi lucha, todo estaba conectado a esa ley. Mi vida no había sido un conjunto de golpes aleatorios; eran pasos en un sendero que ahora podía comenzar a reconocer.

Mi situación actual es esta: me han condenado a ocho meses de cárcel. Ese hombre al que llaman juez, vestido de negro y encumbrado en su atril, se ha tomado la libertad de decidir sobre mi derecho más básico, ese que llamamos libertad. Ha creído justo darme un plazo para que yo mismo me entregue a su sentencia, para que vaya «voluntariamente» a encerrarme entre rejas. Ese plazo ya pasó, y, por supuesto, no me he presentado. ¿Cómo podría caminar por mi propia voluntad hacia un encierro por algo que ni siquiera he hecho? No he dañado a nadie. Mi único «crimen» ha sido construir mi hogar, mi templo. Y no pienso acatar nada que diga ese señor que se cree con poder sobre mi vida.

Mientras tanto, el Ayuntamiento de Dos Hermanas y la Diputación de Sevilla han decidido archivar el caso. Después de nueve años de amenazas, de embargos y de exigir 148.000 euros, parece que han tirado la toalla. Tal vez, motivados por las más de diez notificaciones que les envié invocando la ley natural y un documental donde expliqué mi situación, entendieron que no valía la pena seguir. Quizás los paró la Querimonia, un escrito donde cientos de hombres y mujeres soberanos como yo les dijimos: «¡basta!». Quizás se dieron cuenta de que no les voy a pagar sus cenas de gambas, sus banquetes ni sus excesos, ni un solo euro más para ese festín que los políticos llaman gestión.

Al juez también le envié notificaciones, muchas. Notificaciones cargadas de las verdades que ellos llaman «impertinencias». Tal vez, desde su poltrona de autoridad, le molestó que alguien como yo, alguien que según sus ojos era tan pequeño, se atreviera a desafiarlo. Quizás lo que más le incomodó no fue mi negativa a obedecer, sino la carta de agradecimiento que le envié el pasado septiembre de 2024, una carta que os comparto:

> «Yo, el hombre vivo que responde al sonido de **Maximiano**, nacido en la fragua del aliento materno, y no en las frías estadísticas del Estado, me dirijo a ustedes con un agradecimiento que brota desde las profundidades de mi ser. Quiero reconocer la valentía que demuestran al ejercer su labor de mantener el orden en este mundo donde la tinta seca de las leyes define la realidad, imponiendo normas que, según dictamen de sus excelsas autoridades, deben ser cumplidas por aquellas criaturas de papel que llaman personas, pero que no alcanzan a tocar el alma de los hombres y mujeres vivos.
>
> Es un acto de verdadero heroísmo, sin duda, el ejercer la "Ley" en su forma más fría y distante, alejada de los principios que alguna vez pudimos considerar humanos: empatía, compasión, justicia. Mantener la balanza del orden cuando el plato de la balanza donde descansa la humanidad ha sido desterrado del salón de justicia. ¡Cuánta fortaleza se necesita para imponer castigos sin daño causado, para recordar a dichas personas (fideicomisos/ficciones jurídicas) que su

libertad es una mera ilusión cuando se enfrentan a las normas escritas en pergaminos ajenos a la vida!

Les confieso, con toda humildad, que yo, en mi calidad de ser de luz, me sentiría incapaz de llevar a cabo tan ingrata misión. Mi conciencia, inocente como la de un niño, no me permitiría conciliar el sueño si tuviera que imponer órdenes que contradicen la esencia misma de la vida. Las Normas que imponéis al ciudadano, deben ser ejecutadas por aquellos que pueden soportar el peso del universo de papel sobre sus hombros, sin derrumbarse, sin cuestionarse, sin permitir que sus principios tiemblen.

Admiro su capacidad para dictar sentencias que, como un viento frío, arrasan los refugios de los hombres y mujeres que creyeron tener un hogar. En mi caso, esa misma "Ley", que ustedes defienden con tanto celo, me invita a demoler mi único techo, mi único espacio en este vasto mundo, sin reparar en el abismo al que podría ser arrojado. Aunque se viole el artículo 47 de una Constitución a la que se deben. Pero, ¡ah, qué ceguera tan útil es la del deber! No se puede gobernar un mundo de ficciones jurídicas si uno se deja llevar por las divinidades humanas, como la empatía o el amor al prójimo.

Por ello, les invito a ver el testimonio de mis días, no como MAXIMIANO PAEZ RAMIREZ, no como esa ficción jurídica que ustedes han creado y a la que se aferran, sino como el hombre vivo que soy. Mi documental, "Dejadme en paz: El documental que el gobierno no quiere que veas", espera en el rincón de YouTube, donde ya ha resonado en los corazones de cientos de miles de seres, provocando más de 4,000 ecos de apoyo en forma de mensajes.

Allí, quizás, puedan ustedes encontrar no solo la "persona" que vuestros documentos dictan que soy, sino al ser de luz que habita en esta piel, el ser que respira y siente, que sufre y sueña, que ama y vive.

No podría, jamás, cumplir con la labor que han asumido con tanta firmeza. Les agradezco que lo hagan ustedes, porque me libera de esa carga que sería insostenible para mi espíritu. Ustedes, al dictar normas (llamadas leyes) sin cuestionar su legitimidad, hacen posible que el mundo continúe su marcha, aunque esa marcha a veces aplaste a los inocentes. Les rindo homenaje por su capacidad de sostener un sistema que, bajo la máscara de la democracia y la libertad, mantiene en pie las cadenas que atan a los hombres y mujeres reales, que se han olvidado de su verdadera naturaleza y se entregan, dóciles, a las ficciones del poder.

Yo, por mi parte, no podría traicionarme a mí mismo. No podría ir en contra de mis principios sin perder mi dignidad y mi vida. Por eso, agradezco no estar en su lugar, no tener que cargar con esa cruz. Mi conciencia me ha liberado de los grilletes invisibles que ustedes manejan con destreza, los grilletes que el Estado ha forjado para mantener a los hombres de paja en su lugar, ignorantes de su verdadera libertad.

Me declaro, pues, Hombre Vivo. Me separo de esa ficción jurídica a la que llaman persona o ciudadano. Nunca fui lo que ustedes desearían que fuera; siempre fui lo que fui aunque no siempre lo supiera: un hombre libre, honesto y coherente. No necesito que nadie me represente ni me dicte lo que es correcto para mí. Les agradezco, de todo corazón, y les deseo un hermoso día, mientras continúan su misión de mantener en pie este gran teatro del absurdo, donde la "norma" se viste de LEY y la vida, de sombra pasajera.

Con gratitud,
El Hombre Vivo».

No sé si lograremos detener al juez. Me siguen exigiendo cárcel, me piden que desmonte mi casa, pero ¿cómo voy a hacerlo? Es mi hogar, mi refugio, lo único que tengo. Recientemente hemos hecho un juicio popular, una suerte de asamblea entre mis queridos «locos y locas» de la ley natural, esa tribu que me acompaña en este sendero liberador de la soberanía. Ya estamos enviando notificaciones y el juicio popular tanto al magistrado como a la fiscalía, y seguimos preparando notificaciones que les deje bien claro que no pensamos ceder. No sé si el Estado nos mirará con burla o con furia. Tal vez decidan reírse, dejarnos en un rincón como algo anecdótico. O tal vez se enfurezcan, porque quizás un megáfono pueda volverse peligroso, aunque seamos bocas pequeñas. No lo sé. Los abogados me sugieren otros caminos, más seguros, menos rocosos. Pero mi corazón me lleva siempre al mismo lugar: la ley natural.

Hay tantas formas de luchar. Las calles se llenan de consignas, de contenedores en llamas, de gritos que enseñan los dientes. Pero ninguna de esas me sirve. La revolución que busco no está afuera, no necesita pancartas ni papeleras ardiendo. Es una revolución íntima, una que empieza en mí. Es la decisión de seguir al corazón, de ser honesto conmigo mismo. **Si algo no es justo, no lo acepto**. Si algo va contra lo que creo, simplemente no participo. Al fin y al cabo, nunca firmé un contrato con ellos, nunca consentí ser su esclavo.

Después de nueve años de desgaste, de sentir que cada paso era un peso, ha llegado el momento de enfrentarme a lo que realmente me consume. Y no es el juez. Tampoco es el Estado. Quizás ellos solo sean reflejos, espejos donde veo lo que debo aprender. Quizás son maestros disfrazados, que sin saberlo me están enseñando que debía recuperar mi libertad, que nadie, absolutamente nadie, tiene derecho a decidir por mí.

El camino que sigue ya no lo trazan sus leyes ni sus amenazas. El destino, mi destino, lo marco yo. Y en este barco que navego, a contracorriente y sin mapas, solo hay un capitán. Como siempre, como desde el principio, ese capitán es el amor. Es él quien sostiene el timón. Y es él quien me recuerda que la verdadera lucha no es contra ellos, sino por mí, sino por todos. Y es ahí cuando invoco a la magia.

Honor

No es el sello en el papiro,
ni el dogma en mármol frío,
quien cincela la arista del justo,
ni doma el pulso del alba impía.
Son otros los hierros del sino,
forjados en llama incorrupta,
donde la piel del tiempo murmura:
«Más viejo que el cetro, el honor».
Decretos danzan, caen y mutan,
pues la balanza del día los quiebra,
pero en la grieta del mundo roto,
el acero del alma se alza intacto.
No manda la tinta, sino la sangre,
no pesa el código, sino la esencia,
pues antes del verbo, antes del yugo,
fue la verdad... y aún ruge.

CAPÍTULO 23

LA MAGIA

La magia no es un truco ni un destello fugaz que desaparece al abrir los ojos. Es el arte de escuchar, de mirar al universo como a un espejo y reconocer en sus reflejos las formas de tus propios deseos. Todo comienza con una semilla, un susurro que se atreve a brotar entre las grietas de lo cotidiano. «¿Y si...?», murmura, tímido, al principio. Esa idea, pequeña y frágil, es el primer paso. Pero no basta con pensarla, hay que nombrarla. Las palabras no son solo sonido, son caminos que se abren. Si tus palabras dicen «quiero» pero tus dudas gritan «no puedo», el universo se queda en silencio, confundido por tus contradicciones.

El cómo llegará no te pertenece. No ates tu deseo con cuerdas de control, deja que encuentre su forma. La vida siempre sabe cómo llegar a donde debe, como el agua que busca el cauce sin que nadie se lo indique. El universo no habla en gritos; habla en detalles, en esas pequeñas causalidades que llamamos coincidencias: un libro olvidado, una frase escuchada por azar, un desvío inesperado en el camino. Todo tiene un mensaje, pero necesitas aprender a leerlo. Y no es fácil, porque el camino hacia lo que sueñas está lleno de pruebas. No son enemigos externos los que más temerás, sino las sombras dentro de ti.

Ahí está el verdadero combate, en enfrentarte a las dudas, en sostener la fe cuando todo parece perdido.

La magia no se apura ni se desgasta. Tu energía es sagrada, no la gastes empujando puertas que no están cerradas. Aprende a fluir, a dejar que las cosas encuentren su ritmo. Porque nada, absolutamente nada, es casual. Lo que llamamos azar es el guiño del universo, el canto que te responde cuando vas por el camino correcto. Y cuando no lo entiendes, negocia. Habla con la vida, ajusta tus pasos. La magia no es un decreto, es un baile. **Y en ese baile, cada giro importa**.

Pero todo tiene un ciclo. Hay que saber concluir, cerrar las etapas con gratitud, incluso cuando no encuentres las respuestas que esperabas. Porque la magia no está en lo que lograste, está en el viaje, **en lo que cambió dentro de ti mientras caminabas hacia ello**. Cuando finalmente lo logras, cuando el sueño que plantaste se vuelve real, no olvides celebrar. No como quien cierra un capítulo, sino como quien honra lo que fue, lo que es, y lo que está por venir.

La magia no es un truco externo, no está en las manos que manipulan ni en los rituales que aprendiste. La magia eres tú, reconociéndote creador, tomando las riendas de tu propia realidad, y entendiendo que todo lo que soñabas siempre estuvo dentro de ti, esperando a que te atrevieras a mirarlo de frente.

> «Cuando el hombre perdió el contacto con la magia la llamó casualidad»
>
> (José Luis Parise).

Y con ellas, un mundo sin propósito aparente, un vasto paisaje de eventos que parecían flotar en el vacío, desconectados entre sí. Pero, ¿y si la magia nunca se fue? ¿Y si fuimos nosotros quienes nos cerramos a su lenguaje, quienes decidimos llamarla de otro modo para no enfrentar su espejo? Porque detrás de cada «casualidad», detrás de cada giro del destino, yace un mensaje que insiste, que nos llama, que espera ser descifrado.

Un giro, un parpadeo.
Nadie lanzó los dados,
pero ya cayeron.

Carl Jung habló del inconsciente colectivo, de esa red invisible que conecta nuestras almas y donde todo significado se entrelaza. Pero nos alejamos. Le dimos la espalda a los símbolos, a los sueños, a los misterios que hablan desde lo profundo. En su lugar, construimos un mundo de explicaciones superficiales, un mundo donde el azar se convirtió en la excusa perfecta para no mirar hacia dentro. Y, sin embargo, el universo sigue hablándonos. Cada pérdida, cada encuentro, cada instante que nos sacude, no es más que un viejo alquimista tras otra máscara, un diamante sepultado en la arena del caos.

No hay pórtico, no hay génesis,
solo el vestigio de lo no dicho.
Raíces de penumbra,
símbolos en fiebre,
el mismo sueño...
en mil durmientes.

Nietzsche dijo que quien tiene un porqué para vivir puede soportar casi cualquier cómo. Pero, ¿cómo encontrar el porqué en medio de lo que llamamos tragedia? Tal vez el secreto no esté en evitar el dolor, sino en abrazarlo, en deshojarlo hasta descubrir su semilla. Porque cada dolor es un portal, una invitación a descubrir las cadenas invisibles que nos atan. Nos resistimos a creer que nuestras «desgracias» no vienen de afuera, sino de adentro, como ecos de elecciones que hicimos, de caminos que no quisimos recorrer, de verdades que evitamos mirar.

Si la raíz es honda,
no teme al vendaval.

Los antiguos sabían que el universo no es un reloj inerte, sino un ser vivo, un tejido de energía que responde a nuestros pensamientos, nuestras emociones, nuestras acciones. «Lo que siembras, cosechas», decían. Pero olvidamos que la cosecha no siempre llega como esperamos. A veces, lo que sembramos en el pasado nos alcanza como un viento feroz, como una tormenta que parece destruirlo todo. Y en ese momento, el ego grita: «¡Qué injusticia!». Pero el alma, en silencio, sonríe, porque sabe que el viento no viene a castigar, sino a limpiar, a despejar el camino para algo más grande.

El ego maldice la tormenta,
el alma la bebe en silencio.
Sabe que hay raíces dormidas
que solo despiertan con la lluvia.

Spinoza decía que la libertad no es hacer lo que queremos, sino entender las fuerzas que nos mueven. ¿Cuántos de nosotros nos atrevemos a mirar esas fuerzas de frente? Es más fácil culpar al destino, a otros, al azar. Pero en cada momento de nuestra vida, esas fuerzas nos piden que las reconozcamos, que las honremos. Todo, absolutamente todo lo que llega a nuestra puerta, **viene como respuesta a una pregunta que alguna vez hicimos**, aunque no lo recordemos.

El viento no empuja al barco,
solo revela hacia dónde ya iba.
Pero el hombre, ciego de excusas,
culpa al mar, al cielo, al azar.

La física cuántica nos habla ahora de la conexión entre el observador y lo observado, de cómo nuestra percepción modela la realidad. Pero los místicos ya lo sabían hace siglos. «Como es adentro, es afuera», decían. El universo no es algo que nos sucede; es algo que creamos. Y cuando olvidamos nuestra magia, cuando dejamos de reconocernos como los alquimistas de nuestra propia existencia, la vida nos lo recuerda. Nos envía espejos: personas que nos hieren, situaciones que nos desafían, dolores que no entendemos. Cada espejo es un maestro, un recordatorio de algo que está esperando ser transformado dentro de nosotros.

La gota sueña con el océano,
sin saber que ya es mar.
El cosmos danza en mis latidos,
y mi alma tiembla en las estrellas.

Así que tal vez no hay desgracias. **Tal vez solo hay regalos mal envueltos**, lecciones que nos llegan con trajes incómodos. Cada golpe es una puerta que nos invita a abrir un nuevo camino. Cada lágrima es un río que nos lleva de regreso a nosotros mismos. Nada es casual. Todo tiene un propósito, incluso cuando no lo entendemos. Especialmente cuando no lo entendemos.

El gran maestro de la vida no es el que nos evita el sufrimiento, sino el que nos da las herramientas para trascenderlo. Y la magia, esa que creímos perdida, nunca dejó de existir. Está en cada amanecer que nos llama a empezar de nuevo, en cada caída que nos enseña a levantarnos, en cada estrella que brilla recordándonos que, incluso en la oscuridad, hay luz.

Cuando dejamos de creer en la magia, las llamamos casualidades. Pero la magia nunca dejó de creer en nosotros. Siempre estuvo allí, esperando que volviéramos a mirar, que recordáramos quiénes somos: **no víctimas de un mundo que nos sucede**, sino creadores de un universo que respondemos. Y en esa creación, en esa chispa de responsabilidad y asombro, volvemos a ser lo que siempre fuimos: magos, dioses, y dueños de nuestro destino.

No teme el mar al estruendo,
ni al laberinto de cielos desgarrados,
que en sus aguas escriben cánticos
de relámpagos afilados.
No esquiva el mar la zarpa del viento,
ni los dientes de espuma que muerden la noche.
En su lengua de abismos y mareas,
la tormenta es un dialecto aprendido.
En cada ola, un rugido que no se doblega,
en cada golpe, un crecer que se alza.
El mar, antiguo y perpetuo,
no naufraga en su propia furia.
De su vientre nacen las lluvias,
de su sal los gritos de sirenas calladas.
El trueno no lo hiere,
el rayo solo lo dibuja.
Porque el mar, eterno ajedrecista,
juega con las tormentas
como un dios con sus sombras,
como quien sabe que en su caos
reside la calma.

Este libro no acusa, no señala, no grita. No busca nombres ni culpables, porque los culpables son espejos y los nombres se desvanecen al calor del verano. Este libro no es contra un juez de toga oscura, ni contra las piedras frías de un tribunal que nunca escucha. Este libro es el canto de los que callan, la huella de los pies desnudos que andan por caminos olvidados, el susurro de un bosque que nunca dejó de crecer.

No hay cadenas visibles en estas páginas, solo las que uno mismo se forja, eslabón tras eslabón, en los talleres del miedo. No hay cárceles de barrotes, solo muros de humo que se levantan con cada excusa, con cada «no puedo». Aquí no se lucha con lanzas ni palabras afiladas. Aquí se recuerda, como quien redescubre un viejo mapa, que el único grillete real es el que llevamos en la mente. La libertad, ¿quién podría arrebatárnosla? No hay manos lo bastante grandes para aprisionar al viento.

La verdad, escondida entre los pliegues de las horas, no la dicta la tinta de los códigos ni la voz de los hombres que mandan desde lo alto. La verdad es una raíz que siempre encuentra su camino, que atraviesa las grietas del concreto y florece en los lugares más improbables. No se puede encadenar lo eterno. No se puede someter lo que respira.

El amor, esa llama incansable, arde en este libro como un faro. No el amor de los calendarios ni el de las monedas de cambio, sino el amor que construye puentes en medio de abismos, el que perdona y abraza, el que canta sin esperar aplausos. Ese amor, que no se puede enseñar ni olvidar, es el corazón de todo. Y ese amor, como la verdad y la libertad, nadie puede arrebatárnoslo.

Que caiga el cielo si debe caer, porque no somos suyos. Que caiga como una tormenta de polvo y llamas, porque del caos nacen los cantos y de las cenizas, los caminos. **Este libro no pide justicia; la exige**. Pero no la justicia de los papeles ni las sentencias. La justicia que habita en el centro del pecho, que late en cada alma viva. La que no se escribe, pero se sabe.

Aquí no hay fronteras, solo horizontes por llegar. No hay órdenes, solo pasos. Este libro es el grito de una humanidad que aún respira, que no se ha rendido del todo. Es un mapa dibujado con palabras, un llamado a recordar que nunca dejamos de ser libres, aunque olvidemos cómo.

Hágase justicia, aunque el cielo se parta en dos. Aunque el estruendo de su ruptura sacuda las raíces del mundo, aunque las estrellas caigan como flechas sobre nuestras cabezas. Que la justicia sea el faro en medio de esta tormenta, la chispa que nunca se apaga, incluso si su luz desnuda nuestras sombras más profundas.

Que la verdad brille, aunque el mundo arda en su reflejo. Que su fulgor queme las máscaras y disuelva las mentiras que hemos llevado como escudos. No importa si el precio de verla nos calcina, si nos despoja de las certezas cómodas, porque en ese fuego seremos forjados, más vivos, más humanos.

Que se hunda el barco, si es necesario, pero que el timón no se entregue a la mentira. Que las olas devoren el casco, que la tormenta desgarre las velas, pero que la dirección, nuestra dirección, jamás se pierda en el engaño. Mejor naufragar con dignidad que navegar en un mar de falsedades.

Que el fuego consuma todo, menos la verdad. Que arrase los campos, que reduzca a cenizas los muros que nos aprisionan, pero que deje intacta la semilla de lo auténtico. Porque de esas cenizas, el amor siempre renace.

Y es el amor, al final, lo único que permanece. El amor que no arde, que no se hunde, que no se rompe ni se vende. El amor que no necesita de leyes ni de verdades ajenas para existir. Es la brújula que nos lleva más allá del miedo, más allá del dolor, hacia un lugar donde somos libres no por lo que hacemos, sino por lo que somos.

Hágase justicia, aunque caiga el cielo, aunque se hunda el barco, aunque el mundo arda. Porque del caos siempre nace el amor, y en él, siempre, siempre, seremos invencibles.

Aquí, donde el abismo respira despacio
y las sombras son ceniza que arde,
la llama, quieta,
sabe que el viento no la apaga:
la apaga el miedo.
Somos la raíz que rompe la roca,
el timón que no teme al oleaje.
No hay cadenas que aten la palabra,
ni noche que encierre a quien busca su luz.
El honor es una herida que no sangra,
la verdad, un faro que nunca cae.
Y si el barco se hunde,
que sea con las velas al viento
y el alma de pie.

AGRADECIMIENTOS

A mi padre, mi mejor lector, mi mayor aprendizaje.

A mi madre, que me enseñó que la verdad siempre puede ser dicha, que respetó el sendero, aunque no fuera el suyo.

A Adrienn, mi lucero, mi maestra, mi motivo.

A mis hermanas y a mi hermano, compañeros de viaje, almas que caminan junto a la mía, aunque a veces los caminos se bifurquen.

A mis amigos de Sevilla: Alejandro, Eu, Galindo, Migue.

A mis amigos y amigas de Gilena, tantos nombres, tantas historias, todos guardados en mi pecho como fuego antiguo.

Ojalá pudiésemos volver atrás, a esos veranos donde el tiempo no urgía, donde Juanfe y Juanfu nunca faltaban a la cita.

Los amigos de la infancia no se alejan por falta de amor, sino porque las lecciones cambian, y los maestros también.

A Ale, Julete, María, Diana y todo el clan Asumu.

A mis buzos favoritos: Avelino, Dani, Pintiño, Alex, Andrés, Joaquín, Aris, Tono, Damián y tantos otros cuyo nombre se funde con la espuma del mar.

Una etapa imposible de olvidar en la mejor oficina del mundo, el infinito azul.

A Lalita y Johan, Ana Boqueworld, Daniel y su contrabajo, Tato, Eligio y todos los que alguna vez hicisteis música conmigo y conmigo vibrasteis.

A Isaac y Barbi, por estar ahí cuando más lo necesité, por ser refugio y fortaleza.

A Esther y Miguel.

A María Magdalena.

A todos los hombres y mujeres vivas que iluminaron mi senda con la ley natural.

A todo el tribunal, que sacrificaron su tiempo en vuelos y plata para acudir a la verdad.

A Juan Ramón Kalinga y Alejandro Angélica, maestros.

A Daniel Fibla, Juan Vivo y al Gran Majec, soberano inmenso con quien compartí hasta el mismo cepillo de dientes.

A los que, a través del documental, comprasteis discos y poemarios, a los que donasteis monedas y corazones cuando más lo necesitaba.

Vuestra generosidad aún resuena en mí.

A toda la enorme tribu de Instagram, por seguir preguntando que cuándo voy a volver, ahora ya sabéis que he estado liado pariendo estas hojas.

A Maiki, mi hermano elegido, gracias por ser, por estar, por existir.

Verte crecer es un regalo, y no pienso perderme el día en que te vea volar.

A Marga, el amor hecho amiga, compañera de otras vidas,
maestra en el arte de aprender.

A mis primas de Huelva, os amo con cordura, con alma, con raíces.

A mis tías y tíos, de Huelva y Sevilla, hilos de un mismo tapiz,
parte de este latido que llamo hogar.

A mi primo Maxi, gracias por ser música y magia, por acompañarme siempre con tus acordes y tu luz.

A Rosa Ayuso y Álvaro, dos seres hermosos y el motivo por el que este manuscrito sale por estas vías.

A Jorge, por darle una oportunidad a este libro.

A Laura y Jaime, por vestir mis palabras y la portada del libro, por darles forma, cuerpo y piel.

Gracias de corazón a todos.

Os adoro.

Que la magia y el amor os acompañen siempre.

ÍNDICE

Este libro se terminó de editar en Granada

en junio de 2025 por

www.aliarediciones.es

info@aliarediciones.es